천하무적 일기왕

천하무적 일기왕

초판 1쇄 발행 2016년 1월 22일

지은이 | 김기우
그림 | 김영진

펴낸곳 | 보랏빛소
펴낸이 | 김철원 · 심경아

기획 · 편집 | 김이슬
마케팅 · 홍보 | 김철원
디자인 | 박영정

출판신고 | 2014년 11월 26일 제2014-000095호
주소 | 서울특별시 마포구 월드컵북로6길 53, 402호(연남동)
대표전화 · 팩시밀리 | 070-8668-8802 (F)070-7500-0555
이메일 | boracow8800@gmail.com

ISBN | 979-11-86325-59-9 (64700)

일기 · 생활문

천하무적 일기왕

김기우 지음 · 김영진 그림

보랏빛소
Borabit Cow

프롤로그

안녕하세요. 여러분과 '천하무적 글쓰기왕 시리즈'로 만나게 돼서 무척 기쁩니다. 이 시리즈는 즐겁고 쉽게 글을 쓰기 위해 만든 책입니다. 일기로 시작해서 생활문, 독후감, 논설문, 기행문, 동시 등의 글쓰기를 함께 배우고 연습할 수 있어요.

첫 번째로 출간된 《천하무적 일기왕》은 어린이 여러분이 '일기 쓰기'와 '생활문 쓰기'를 쉽고 재미있게 할 수 있도록 도와주는 책이랍니다.

일기는 하루 동안 있었던 일 중에 가장 기억에 남는 것을 쓰는 글이에요. 우리는 날마다 재미있거나 기쁜 일을 겪습니다. 슬프고 언짢은 일도 있을 것입니다. 하루 중에 있었던 느낌은 시간이 지나면 금방 잊게 돼요. 하지만 일기에 그 느낌을 적어 둔다면 오랫동안 기억하고 간직할 수 있어요.

일기는 이순신 장군의 '난중일기', 안네프랑크의 '안네의 일기' 등이 제일 많이 알려져 있어요. 자서전 형식의 글인 김구 선생님의 '백범일지'도 뜻 깊은 글이지요. 일기는 개인의 역사입니다. 개인의 역사가 한국의 역사이고, 한국의 역사는 세계의 역사이며 인류의 역사이라고 할 수 있어요. 즉 일기는 인류사라고 할 수 있어요.

생활문은 매일 적는 일기와 달리, 어떤 특별한 체험을 깊이 생각해 보고 쓰는 글입니다. 여러분이 겪었던 일 중에서 적어 두고 생각해 보고 싶은 것을 적는 것이지요. 그 일을 통해 자기만의 독특한 생각을 표현하기도 해요.

그동안의 일기에서 특별히 자기가 생각해 볼 가치가 있는 것을 골라 쓴 것이 생활문이에요. 그 일에 자기 생각과 느낌을 넣으면 된답니다.

이처럼 일기와 생활문은 서로 밀접한 글쓰기입니다. 일기와 생활문을 쓰면서 나의 삶을 돌아볼 수 있고, 다른 글쓰기도 잘할 수 있게 됩니다. 나착한 선생님과 까불이, 아롱이, 명석이와 함께 《천하무적 일기왕》을 차근차근 따라오면 어렵게 느껴지던 일기와 생활문을 쉽게 쓸 수 있을 거예요.

끝으로, 이 책을 통해 여러분과 만날 수 있도록 도움을 주신 보랏빛소 출판사의 김철원 대표님과 김이슬 에디터님께 깊이 감사드립니다.

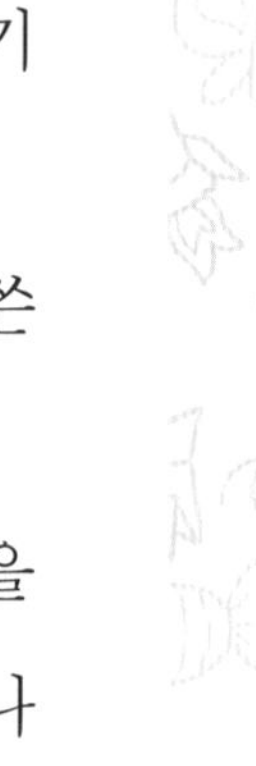

이 책 소개

1. 재미있고 신나게 글쓰기를 공부할 수 있어요

나착한 선생님, 까불이, 아롱이, 명석이의 이야기를 따라가다 보면 지루하고 어려운 글쓰기도 재미있고 신나게 공부하게 된답니다!

2. 다른 친구들은 어떻게 썼는지 구경할 수 있어요

다른 친구들이 실제로 썼던 글이 담겨 있어요. 다른 친구들은 어떤 생각을 가지고 있는지, 어떻게 표현했는지 구경하면서 내 글도 돌아볼 수 있답니다!

3. 혼자서도 쉽게 연습할 수 있어요

친절한 설명을 듣고 글쓰는 요령과 방법을 배운 뒤에는 직접 써 보는 게 중요해요. 혼자서 써 보는 공간이 마련되어 있어 스스로 쉽게 연습할 수 있답니다!

캐릭터 소개

나착한 선생님

시인이 되고 싶은 상냥한 글쓰기 선생님. 아이들이 글을 잘 쓸 수 있는 방법을 친절하게 알려주신다.

까불이

까불까불한 성격의 골목대장. 글쓰기를 정말 싫어하지만 아롱이의 마음을 사로잡는 편지를 쓰고 싶어 열심히 공부하기 시작한다.

아롱이

겉으로는 조용해 보이지만, 사실은 글쓰기보다 말하기가 더 재미있는 수다쟁이 아가씨.

명석이

명석한 두뇌를 지닌 학급회장. 언제나 글쓰기 대회에서 상을 받아 와 잘난 체를 한다.

차례

지난 주에 내가 뭘 했더라?
한 달이나 밀렸는데 이걸 언제 다 쓰지… ㅠ_ㅠ
으이그~ 내일이 개학인데 어쩌려고 그러냐! 쩝~ 쩝~
룰루~랄라~

제1강

일기, 왜 써야 해요?

우리는 가끔씩 자기 본래 마음과 다르게 거짓말하거나, 실수하거나 또는 나쁜 일에 빠져들게 돼요. 이런 일이 생길 때마다 부모님이나 선생님께 솔직히 고백하기 어려울 수 있어요. 이럴 때 일기를 써 보세요. 일기를 통해 용서를 구하는 것이지요.

일기는 '하루에 있었던 일을 적은 글'이에요. 하루 동안 벌어진 일에 대한 생각과 느낌을 적는 글을 말해요. 일기는 날마다 나를 돌아보는 글쓰기여서, 그런 일을 솔직하게 쓰면 혼자 자주 반성할 수 있어요.

이래서 일기 쓰기가 좋아

〈안네의 일기〉라는 유명한 책을 모두 읽어 보았을 거예요. 안네 프랑크는 나치 군대가 만든 수용소에 갇혀 고통을 받으며 죽는 순간까지 일기를 썼어요. 그리고 이순신 장군도 외적을 물리치시면서 매일 〈난중일기〉를 쓰셨어요. 일기들은 어떤 문학작품보다 감동적이지요.

여러분도 매일 일기를 써 보세요. 자기 나날의 기록이 바로 일기예요.

끈기를 기르게 돼.

훌륭한 일을 한 사람들에게는 공통점이 있어요. 위인들은 어떤 어려움이 닥쳐도 끈기로 헤쳐 나갔어요.

일기를 매일매일 쓰다 보면 끈기가 길러져요. 끈기가 없으면 일기를 쓰다가 중도에서 포기하게 되지요. 며칠 분의 일기를 한꺼번에 몰아서 쓰다 보면 거짓말로 쓰게 되므로, 끈기 있게 써야 해요.

모든 것에 관심을 갖게 돼.

일기는 매일매일 써야 해요. 그런데 매일 쓰려면 글감이 쉽게 떠오르지 않지요. 그래서 똑같은 내용을 쓰는 경우도 있어요. 일기를 똑같이 쓰지 않으려면 글감을 찾아야 해요.

일기를 쓰다 보면, 오늘 하루 중에 특별한 일이 없었나, 관심을 기울이는 습관이 생겨요. 그 습관은 아주 자그마한 일이라도 깊이 생각하게 할 뿐 아니라, 주변 사물을 또렷이 바라보게 하는 관찰력도 길러 줘요.

오늘을 반성하고 내일을 설계하게 돼.

하루를 지내면서 생겨났던 크고 작은 일을 떠올려 보면, 슬프고 괴로웠던 일도 있을 테고, 기쁘고 보람된 일도 있을 거예요. 실수해서 후회스러웠던 일도 있었을 테고요.

그런 여러 가지 일을 되새기고 차분히 정리하다 보면, 하루를 지냈던 나를 반성하게 되고, '내일은 잘해야지.' 하고 다짐도 하게 돼요.

다른 글쓰기도 잘 할 수 있어.

일기도 글쓰기의 한 종류예요. 자기 생활을 쓰는 글이기 때문에 다른 글보다 솔직한 글쓰기라고 할 수 있어요.

일기를 매일 쓴다는 것은, 매일 한 편의 글쓰기 작품을 완성하는 것과 마찬가지예요. 그래서 일기를 매일 쓰다 보면, 문장 표현은 물론이고, 글의 짜임을 생각해내는 훈련이 저절로 되지요.

2015년 10월 1일
오늘은 학교에 가서 친구들과 축구를 했다. 참 신이 났다.

2015년 10월 2일
오늘은 학교에 가서 친구들과 피구를 했다. 참 재미있었다.

2015년 10월 3일
오늘은 학교에 가서 친구들과 농구를 했다. 참 즐거운 하루였다.

⋮

제2강

일기 쓰기, 어렵지 않아요!

일기 쓰기, 이렇게 시작해

우리는 매일 비슷한 일을 반복하고 있죠? 날마다 똑같은 일을 똑같이 하고 있다고 생각하면 일기에 쓸 것이 별로 없을 거예요.

하지만 곰곰이 돌아보면 다른 일은 얼마든지 있어요. 매일 세 끼 꼬박꼬박 밥을 먹지만 반찬은 조금씩 다를 것이고, 등굣길의 가로수도 계절마다 달라져 있을 것이며, 친구들의 표정과 옷차림도 매일 똑같지만은 않을 거예요. 숙제도 다르고, 게임도 새로운 게 나오잖아요.

또 한 가지, 일기를 쓰기 위한 팁을 줄게요. '하루 세 번 자신을 반성하면 반드시 훌륭한 사람이 된다.'는 속담이 있어요. '하루에 있었던 일 중에 어떤 것을 반성할까?' 하고 생각해 보세요. 틀림없이 떠오를 거예요. 바로 그것을 글감으로 삼아 보세요.

하루의 시간

하루	시간
아침	① 일어나는 시간 ② 아침 식사 시간 ③ 학교 가는 시간 ④ 오전 공부 시간 ⑤ 쉬는 시간
점심	⑥ 점심 시간 ⑦ 오후 공부 시간 ⑧ 집에 돌아오는 시간
저녁	⑨ 숙제하는 시간 ⑩ 저녁 식사 시간 ⑪ 가족과의 시간 ⑫ 잠자는 시간

위의 표처럼 하루 생활을 시간별로 나누어 보면 글감 찾기가 더 쉬울 거예요.

여러분들도 아래 표처럼 더 자세하게 시간을 나눠 보세요.

① 일어나는 시간	② 아침식사 시간
- 세수하는 시간 - 옷 입는 시간	- 가방 챙기는 시간

혼자 써 볼래요

① 일어나는 시간

....

....

....

② 아침 식사 시간

....

....

....

③ 학교 가는 시간

④ 오전 공부 시간

⑤ 쉬는 시간

⑥ 점심 시간

⑦ 오후 공부 시간

⑧ 집에 돌아오는 시간

⑨ 숙제하는 시간

⑩ 저녁 식사 시간

⑪ 가족과의 시간

⑫ 잠자는 시간

글감은 한 가지만 넣어

어떤 어린이는 그날 자기가 한 일을 일기에 모두 쓰기도 해요. 그런데 하루 일을 전부 자세히 쓰다 보면 다음 날도 똑같은 일기가 될 수 있어요.

하루에 있었던 일 중에 가장 기억에 남는 일만 쓰세요. 그래야 매일 매일 다르게 쓸 수 있어요.

하루 시간	여러 가지 글감
① 일어나는 시간	늦잠, 오줌싸개, 시계소리, 꿈, 이불 정리……
② 아침 식사 시간	반찬투정, 수저, 냉장고, 배탈, 인사 ……
③ 학교 가는 시간	친구, 교통신호, 가로수, 날씨, 자동차, 지각……
④ 오전 공부 시간	선생님, 시험, 짝꿍, 칠판, 책상, 교과서, 공책……
⑤ 쉬는 시간	싸움, 놀이, 독서, 떠들기, 장난감, 교장선생님……
⑥ 점심 시간	도시락 반찬, 운동장, 줄넘기, 공차기, 수돗가……
⑦ 오후 공부 시간	졸음, 칭찬, 꾸중, 청소, 실내화, 가방 챙기기……
⑧ 집에 오는 시간	놀이터, 문방구, 치과, 강아지, 군것질, 학원……

⑨ 숙제하는 시간	간식, 연필, 지우개, 문제, 알림장, 숙제 걱정……
⑩ 저녁 식사 시간	아빠, 선물, 편식, 설거지, 학교생활 이야기……
⑪ 가족과의 시간	텔레비전, 노래, 게임기, 책 읽기, 심부름, 칭찬…
⑫ 잠자는 시간	이부자리, 레슬링, 꿈, 추위, 더위……

위의 표를 참고하세요. 하루 중 어떤 시간의 일이 가장 즐거웠고, 반성해야 할 일인지 곰곰이 생각해서 한 가지만 쓰세요.

아래의 표처럼 시간을 더욱 자세히 나눈 뒤에 글감을 써넣어 보세요.

하루 시간	여러 가지 글감
① 일어나는 시간	
– 세수하는 시간	양치질, 코피, 거울 보기, 치약 짜기…
– 옷 입는 시간	구멍 난 양말, 새로 산 모자, 신발, 안경…
② 아침식사 시간	
– 가방 챙기는 시간	준비물, 숙제, 공책, 필통, 연필 챙기기…

혼자 써 볼래요

① 일어나는 시간

② 아침 식사 시간

③ 학교 가는 시간

④ 오전 공부 시간

⑤ 쉬는 시간

⑥ 점심 시간

⑦ 오후 공부 시간

⑧ 집에 돌아오는 시간

⑨ 숙제하는 시간

⑩ 저녁 식사 시간

⑪ 가족과의 시간

⑫ 잠자는 시간

특별한 일만 골라서 쓰기

하루 중에서도 매일 똑같이 하는 일은 모두 빼고, 그날 한 일 중에서 특별했던 일만 가려서 쓰세요.

나는 오늘 학교에 가다가 강아지를 보았습니다. 학교에 가서 공부를 했습니다. 그러다가 종이 울려 운동장에서 놀다가 집으로 돌아와 숙제를 했습니다. 숙제를 다 마치고 텔레비전을 보고 밥을 먹었습니다. 이를 닦은 다음 잠을 잤습니다.

위 글을 자세히 살펴보세요. 하루의 일과를 썼지만, 누구나 하는 평범한 일만 가득 늘어놓아 재미가 없지요? 위의 글에 어떤 이야기가 들어 있는지 정리해 볼까요?

① 학교에 가다가 강아지를 보았다.
② 학교에서 공부를 했다.
③ 운동장에서 놀았다.
④ 집으로 돌아왔다.
⑤ 숙제를 했다.
⑥ 텔레비전을 보았다.
⑦ 밥을 먹었다.
⑧ 이를 닦았다.
⑨ 잠을 잤다.

그날 한 일을 모두 써넣는다고 좋은 일기가 아니에요. 위의 아홉 가지 일 중에는 재미있고, 반성해야 할 이야기가 있는가 하면 그렇지 못한 것도 있기 때문이에요.

더군다나 매일 반복되는 일도 많이 써넣었어요.

② 학교에서 공부를 했다, ③ 운동장에서 놀았다, ⑤ 숙제를 했다, 하는 것은 어린이라면 누구든 매일 되풀이하는 일이에요. 이 같은 되풀이 일은 쓰지 않아도 돼요.

그리고, ⑦ 밥을 먹었다, ⑧ 이를 닦았다, ⑨ 잠을 잤다, 하는 것은 사람이라면 누구나 날마다 해야 하는 일일 테지요. 이런 일을 일기에 모두 쓰면 매일 똑같은 일기만 돼요.

아래 글에서 매일 반복되는 일을 골라서 써 보세요.

8월 12일 토요일 흐림

방학이 끝나는 중이어서 아침부터 방학숙제를 했다. 아침밥을 먹고 나서 밀린 숙제를 했다.

조금 있으니, 친구 윤아가 왔다. 윤아와 함께 숙제를 계속했다. 점심식사 시간이 되었다. 점심을 먹고 양치질을 했다. 윤아가 피아노 학원에 가서, 나는 혼자 숙제하기가 싫었다. 텔레비전을 보았다. 텔레비전을 보고 있는데, 아버지께서 퇴근하셔서 돌아오셨다. 나는 아버지께 인사를 하고 손을 씻고 저녁을 먹었다.

저녁을 맛있게 먹은 다음 꿈나라로 들어갔다.

혼자 써 볼래요

<매일 반복되는 일>

①

②

③

④

⑤

아래 글에서 누구든 하는 일을 골라서 써 보세요.

8월 15일 토요일 맑음

오늘은 광복절이다. 다른 날보다 일찍 일어나서 세수를 했다. 아버지께서 태극기를 달자고 하셔서 밖으로 나가 태극기를 달았다. 우리 집이 가장 먼저 태극기를 달았다.

아침운동을 한 다음 밥을 먹었다. 그러고는 텔레비전을 보았다. 텔레비전에선 광복절 특집 행사를 하고 있었다. 나는 재미가 별로 없어서 내 방에 들어가 아버지 모르게 게임을 했다. 그런데 언제 아버지께서 들어오셨는지 내 뒤에 서 계셨다. 나는 급히 게임기를 껐다. 그리고 조용히 책상에 앉아 숙제를 했다. 엄마께서 간식을 가져오셔서 간식을 먹었다.

혼자 써 볼래요

<누구나 하는 일>

①

....

②

③

④

위의 글들을 자세히 읽어보면 정말 필요하고 중요한 일은 별로 많이 쓰지 않았죠? 그날 한 일을 곰곰이 생각해 보세요. 중요한 일이 반드시 있어요.

아래의 글에서 중요하다고 생각하는 일을 골라서 써 보세요.

7월 1일 토요일 흐리다가 갬

오늘은 토요일이다. 그래서 기분이 좋다. 내일이 일요일이라서 그렇다. 토요일은 특히 특활시간이 있어서 공부를 많이 하지 않아도 된다.

오늘 특활시간엔 한자를 배웠다. 나는 한자를 잘 못쓴다. 그래서 숫자단계는 쉬웠지만 날짜단계는 좀 어려웠다. 늦게까지 남아서 한자를 써야 했다.

선생님께서 아이들을 마중 나가 돌아오신 후 검사를 맡고 밖에 와보니 친구가 기다리고 있었다. 그래서 오락도 하고 재미있게 놀았다. 놀다가 집에 돌아와서 점심을 먹었다.

혼자 써 볼래요

<중요한 일>

①

....

②

③

④

골라낸 중요한 일에 자기 느낌과 생각을 자세히 써야 좋은 일기예요. 아래 글에서 중요한 일에 느낌과 생각을 쓴 글을 골라보세요.

8월 13일 일요일 맑음

오늘은 할머니 제삿날이다. 그래서 아침 일찍부터 어머니께서는 음식을 만드시느라 바쁘셨다. 나도 아침을 먹고 나서 숙제를 일찍 마치고 어머니를 도와드렸다.

빈대떡을 부치고 있는데, 대전에 계시는 고모님께서 오셨다. 고모님께서는 내게 용돈을 주시고 부엌에 들어가셔서 제사 음식을 만드셨다. 맛있는 냄새가 집에 가득했다. 나는 어머니와 고모님께서 음식을 만드시는 모습을 보며, '저 많은 음식을 돌아가신 할머니께서 어떻게 드실까?'

하고 생각했다. 그리고 어머니와 고모님께서 정성을 다해 만드시는 음식을 정말 할머니께서 드시는 것인지 의문이 들었다.

혼자 써 볼래요

<느낌과 생각을 쓴 글>

①

②

③

④

매일 반복되는 일, 누구나 하고 있는 일 대신에 중요한 일만 골라서 그 일에 느낌과 생각을 써넣으면 좋은 일기가 되지요.

오늘 하루 여러분에게 있었던 가장 중요한 일에 대한 느낌과 생각을 아래에 써 보세요.

혼자 써 볼래요

<중요한 일>

<느낌과 생각>

한 가지 일만 가지고도 어떻게 흥미롭게 쓰는지 아래 글을 볼까요?

5월 3일 화요일 맑음

학교 가는 길

봄이어서 그런지 아침에 학교 가기가 참으로 즐겁고 기분이 상쾌했다. 강둑길에 노랗게 피어 있는 개나리꽃이 눈에 들어와서 나는 기분이 좋았다. '나도 저 개나리처럼 예뻤으면' 하고 생각하니 더욱 즐거워졌다. 개나리 사이사이에 돌을 쌓아놓고, 물을 주시는 할아버지가 보였다.

할아버지께서는 매일 개나리에 물을 주신다. 오늘도 물을 주시고 정성스럽게 개나리를 가꾸신다.

개나리를 따라 걸으면, 끝에 학교 정문이 나온다. 그런데, 개나리 곁에 다른 꽃들도 심어져 있었다. 꽃 이름은 잘 몰랐지만, 무척 귀엽고 예쁜 꽃이었다.

나는 속으로 '이 꽃들을 잘 보아두었다가 집에 가서 꽃 이름을 찾아보아야지.' 하며 자세히 들여다보았다.

그때, 학교에서

"땡, 땡, 땡."

하고 종이 울렸다. 나는 속으로 '지각이다!' 하고 외치며 교실을 향해 허겁지겁 달려갔다.

〈5학년 박수지〉

학교 가는 길에 개나리에 물을 주시는 할아버지의 모습을 차분하게 쓰고 있어요. 아무렇게나 지나칠 수 있는 모습을 기억해 두었다가 글감으로 잘 사용하고 있지요?

10월 7일 일요일 맑음

돼지고기와 형

엄마가 저녁에 돼지고기를 해 주셨다.

그런데 형이 밥을 먹으면서 돼지고기는 모든 비타민이 다 들어 있다고 하였다. 나는 속으로 '웃기네. 거짓말이야.' 하고 생각했다. 형은 내가 속말을 하고 나서 "푸하하하." 하고 웃었다.

나는 '준범이 형이 또 장난 치고 있네.' 하고 생각했다. '원래는 지방이 들어 있는데.' 하고 생각하고 나서 보니 돼지고기가 다 없어졌다. 바로 형이 다 먹어치운 것이다. 형은 역시 꿀돼지이다.

그래도 배는 꽉 차서 다행이다. 돼지고기가 또 먹고 싶다. 먹음직스러운 내 돼지고기.

〈2학년 권준성〉

위 글도 마찬가지로 아주 조그마한 일을 글감으로 삼아 쓴 일기예요. 돼지고기를 먹으면서 형을 꿀돼지라고 표현한 부분이 아주 재미있지요?

여러분도 하루의 일 중에서 가장 기억할 만한 글감을 찾아서 느낌과 생각을 넣어서 다음 페이지에 직접 써 보세요.

혼자 써 볼래요

뭐? 내가 사탕을 사주기로 했다고? 내가 언제 그랬어? 몇 월, 며칠, 몇 시, 몇 분에? 증거 있어?
하하하~
정확히 2014년 8월 28일 9시 35분이었지? 이럴 줄 알고 일기에 다 적어 놨다고!!
헉!

제3강

일기, 이렇게 쓰면 더 쉽지롱~ 1탄

날짜, 날씨 쓰고 제목을 달아 봐

일기는 하루 생활의 기록이기 때문에 그 기록이 어느 날의 것인지, 그 날 날씨가 어땠는지 써 놔야겠지요. 그러면 나중에 들춰보아도 그날의 기억이 새록새록 떠오르게 된답니다. 아래 빈칸에 오늘의 날짜와 날씨를 써 보세요.

혼자 써 볼래요

201 년 월 일 날씨

가끔 어떤 어린이는 날씨와 날짜를 내용 안에 넣었다고 하지요. 하지만 그날 일기 맨 위에 '6월 12일 수요일 흐림'이라고 써넣으면 더욱 정확하고 알아보기 쉽겠지요. 아래 글처럼 날씨를 꼭 쓰세요.

6월 12일 수요일 흐림

달팽이

학교가 끝나고 돌아오면서 꽃밭을 보니 달팽이가 있었다. 나는 달팽이를 집어 보았다. 달팽이의 목이 갑자기 길어졌다. 좀 무서웠지만 참 귀여웠다.

교문을 나서니 어머니께서 나를 반갑게 맞아 주셨다. 손에 있던 달팽이를 어머니께 보여드렸더니 어머니는 징그럽다고 하며 내 가방을 여시고 휴지를 꺼내셨다. 어머니께서 달팽이를 휴지에다 놓고 피아노학원에 가라고 하셨다.

피아노를 치고 집에 오니 달팽이가 없었다. 어머니께서 버리신 것 같았다. 나는 달팽이 생각이 났다. 어머니께, 어머니는 왜 동물을 안 좋아하냐고 물었다. 어머니께서는 원래 그런다고 하셨다.

우리 모두 동물을 사랑합시다.

〈2학년 정혜선〉

일기도 책처럼 제목을 정해놓고 쓰게 되면 이야기를 한 군데로 모을 수 있어요. 제목을 정해놓으면, 제목에서 벗어난 이야기는 자연히 떨어져나가 내용이 집중이 잘 되겠죠?

아래 글감을 읽고 제목을 달아보세요.

1월 7일 금요일 맑음

학교에서 정호와 싸움을 했다.

정호가 내 별명인 '꽃돼지'를 부르며 자꾸 놀렸기 때문이었다.

정호에게 사과를 하고 집에 와서 게임기를 같이 했다.

혼자 써 볼래요

1월 7일 금요일 맑음

제목 :

아래 글감을 읽고 제목을 달아보세요.

8월 1일 화요일 흐림

아버지께서 수박을 사 오셔서 맛있게 먹었다.

텔레비전에서 무서운 영화를 해서 보았다.

영화 생각이 나서 잠이 오지 않았다.

오줌이 마려웠지만 무서워서 화장실에 갈 수 없었다.

혼자 써 볼래요

8월 1일 화요일 흐림

제목 :

아래의 일기는 내용과 어울리게 제목을 잘 썼어요.

8월 5일 토요일 맑음

목욕을 하면 마음도 깨끗해진다

오늘은 목욕을 하였다. 참 개운했다. 요즘 날씨가 무척 덥지만 나는 어머니께서 목욕을 하라고 하면 도망 다녔다. 물이 너무 차갑고, 비누칠하기가 싫었기 때문이다.

방학이라서 학원만 갔다 오면 아이들과 실컷 놀 수 있어서 좋았다. 놀 때는 몰랐는데, 집에 돌아오면 옷이 땀으로 젖어 있었다. 어머니께서는 목욕을 하라고 했지만 나는 손만 씻었다.

저녁을 먹고 나니까 등이 따가웠다. 어머니께 말씀드렸더니 내 옷을 벗기셨다. 땀띠가 난 것이다.

"그러기에 목욕을 매일 하라고 했잖아!"

어머니께서 화를 내셨다. 나는 목욕탕에서 어머니와 함께 목욕을 했다. 어머니께서 잘 씻겨 주셨다. 조금 따가웠지만 시원했다.

"목욕을 하면 마음도 깨끗해진단다."

어머니께서 말씀하셨다. 정말 그 말이 맞는 것 같았다.

〈2학년 곽재욱〉

하루 동안에 있었던 일을 모두 기록할 수는 없어요. 하루를 보내고 나서 그날 있었던 일 중에서 가장 중요한 일, 오래 기억해 둘 만한 일만 쓰세요. 가장 뜻 깊었던 것만 골라 쓰고, 나머지는 간단히 쓰거나, 아예 쓰지 않는 것이 좋아요.

아래 글에서 필요 없는 문장에 밑줄을 그어 보세요.

8월 5일 토요일 맑음

피아노 연습

오늘부터 체르니에 들어갔다. 나는 엄마께서 만들어준 간식을 먹었다. 옆집에서 이사를 왔나보다. 나는 피아노 의자에 앉아 손가락을 열심히 눌렀다. 동생이 피아노 소리를 듣고 기어왔다. 동생은 아직 걷지 못하고 기어 다닌다. 나는 동생을 한번 내려다보고 계속 피아노를 쳤다. 그런데 동생이 피아노 의자를 마구 흔들었다. 자기도 피아노를 치고 싶나 보다.

엄마께서 피자를 만들어 주셨다. 동생은 피자를 무척 좋아한다. 이도 몇 개 없는데 한입 물어 꿀꺽꿀꺽 잘도 먹는다. 피자를 먹고 나는 다시 피아노 연습을 했다.

나도 모르는 사이에 땀이 흘러내렸다. 엄마께서 선풍기를 틀어 주셨다. 피아노 연습을 많이 한 날이다.

〈3학년 윤미희〉

혼자 써 볼래요

옆의 글에서 밑줄 그은 부분을 빼고 잘 연결해서 새로 써 보세요.

아래에서 꼭 필요하다고 생각되는 글에 밑줄을 그어 보세요.

4월 5일 수요일 맑음

식목일

오늘은 식목일이다. 식목일이어서 휴가를 떠나는 사람들로 무척 붐볐다. 우리 가족은 아침에 뒷산에다가 장미 묘목을 심었다. 묘목을 심는데, 작은 장미 가시에 찔려서 검지에 피가 났다. 아빠께서 내 손가락을 꼭 쥐어 주셨다. 그랬더니 금방 피가 멈추었다. 아빠의 손은 약손이다.

나무를 심고 우리 가족은 점심을 싸들고 대공원에 갔다. 사람들이 무척 많았다. 나는 대공원에서 바이킹과 다람쥐 틀을 탔다. 어지러웠지만 재미있었다.

점심으로 싸온 김밥을 먹으며 놀이기구를 타는 사람들을 쳐다보았다. 모두가 무서워하면서도 신나는 모양이다. 소리를 마구 질러댄다.

저녁이 되어 집으로 돌아왔다. 아빠께서 장미 묘목이 잘 있는지 보러가자고 해서 뒷산에 올라갔다. 약수터에서 물을 떠와서 나는 장미 묘목에 물을 주었다. 오늘 식목일은 참 즐겁고 보람 있었다.

〈4학년 박관수〉

혼자 써 볼래요

앞의 글에서 밑줄 그은 부분만 골라서 새로 써 보세요.

아래 글은 강아지를 잃어버렸다가 찾은 일만을 가지고 아주 생생하게 쓴 일기예요.

이렇게 하루에 있었던 일 중에서 가장 인상 깊었던 일을 쓰면 나중에 읽어 보아도 그때가 잘 생각나겠죠?

7월 4일 월요일 맑음

잃어버렸다 찾은 기쁨

아버지께서 회사에서 돌아오셔서 문을 열어드렸다. 그런데 내 동생, '복실이'라는 이름을 가진 강아지가 문을 연 틈에 밖으로 빠져나갔다.

아버지와 나, 언니는 곧장 따라 나갔지만 복실이는 온데간데없이 사라져버렸다. 그때 어떤 아주머니께서 4동 뒤로 갔다고 말씀하셔서 4동 뒤로 가보니 복실이는 흙 속에 들어가 있었다. 나는 그때 눈물이 핑 돌았다.

복실이는 얼굴이 귀엽게 생겨 아무나 가져갈지 모른다. 나는 복실이를 잃어버리면 보고 싶어 못 견딜 것이다.

사람을 잃었다 다시 찾은 것같이 강아지를 잃어버렸다 찾은 기쁨.

사람을 잃었다 다시 찾은 기쁨보다 더 기쁘다.

복실아, 넌 언제나 내 동생이야.

〈3학년 박민영〉

창피하고 부끄러운 일도
일기장에
솔직하게 써 보세요~
....ㅋㅋㅋ
화들짝!
뿌~우~웅

제4강

일기, 이렇게 쓰면 더 쉽지롱~ 2탄

자세히 써야 생생해

하루 일은 누구나 비슷비슷해요. 그렇다고 해서 시간이 지날 때마다 했던 일을 대충대충 쓰면 지루하기만 하겠지요?

하루에 있었던 수많은 일들 중에 가장 인상적이었던 사건을 고르고, 그 일을 자세히 쓰면 매일 특별한 일기를 쓸 수 있답니다.

조금 더 자세히 하루의 일을 돌아보세요. 분명 색다른 일이 있었을 거예요. 그 일을 그림 그리듯 자세하게 써 보세요. 훨씬 생생해집니다.

아래에서 좀 더 자세히 쓰면 좋은 부분을 찾아 보세요.

3월 9일 목요일 흐림

없어진 오천 원

오늘 셋째 시간을 마치고 나서였다. 나는 오천 원을 잃어버렸다. 선생님께서는 학교에 돈을 가지고 온 것을 꾸중하고 돈을 가진 아이는 나오라고 하셨다.
그러나 아이는 나오지 않았다. 다음 시간은 미술 시간이었다. 선생님께서는 상상을 세계를 맘껏 그리라고 하셨다. 우리는 모두 열심히 그렸다.
나도 그림을 그렸다. 선생님께서 잘 그렸다고 하셨다.
다음 시간은 식사 시간이었다. 나는 밥맛이 없었다. 오천 원을 잃어버렸기 때문이었다.
누가 가져갔을까, 하고 나는 생각해 보았다. 하지만 짚히는 아이가 없었다. 나는 정말 실망했다. 그 아이가 지금쯤 후회하고 있을지 모른다.
저녁에 텔레비전에서 신비의 곤충세계를 하였다. 정말 재미있었다. 곤충들이 서로 잡아먹는 모습을 보니 끔찍했다.

〈3학년 박원하〉

혼자 써 볼래요

옆에서 찾은 자세히 쓰면 좋은 부분을 새로 길게 써 보세요.

아래에서 좀 더 자세히 쓰면 좋은 부분을 찾아 보세요.

7월 17일 월요일 맑음

꽃들

길가에 예쁘고 내가 좋아하는 해바라기가 피어 있었다. 나는 해바라기를 제일로 좋아한다. 해바라기가 가장 훌륭한 꽃이라고 나는 생각한다.

그 이유는 해바라기는 뜨거운 태양을 받고도 활짝 웃기 때문이다.

할머니 댁에 도착했다. 할머니 댁에는 분꽃, 대추나무, 호박, 채송화, 고추, 상추, 배추, 파 등이 있었다. 마치 채소 농장 같았다.

지난번에 감기에 걸리셨다는데, 할머니께서는 약간 늙으셨다. 할머니께서 나를 반갑게 맞아주셨다. 나는 할머니께 인사를 올렸다.

할머니께서 직접 키우셨다는 옥수수를 삶아 오셨다. 나는 할머니가 참 좋다. 내가 좋아하는 것을 언제나 주시기 때문이다.

집으로 돌아오는 길은 복잡해서 나는 멀미를 했다. 어머니께서 약을 주셔서 그 약을 먹고 나는 잠을 잤다.

한참을 자고 나니 집이었다. 피곤한 하루였다.

〈3학년 김연순〉

혼자 써 볼래요

옆에서 찾은 자세히 쓰면 좋은 부분을 새로 길게 써 보세요.

아래의 글은 놀이터에서 놀았던 아주 평범한 이야기예요. 하지만 자세히 써서 아주 재미있어요. 읽는 사람들에게도 마치 두꺼비 놀이를 하는 것처럼 느껴지게 말이에요.

6월 10일 화요일 맑음

두꺼비

나는 오늘 오후에 친구들과 피구를 하다가 싫증이 나서 놀이터에 가서놀았다. 친구들은 두꺼비집을 만들고, 나와 민정이는 흙을 봉지에 담아 전달해 주었다. 두꺼비집이 멋있게 완성되자 유선이가 재빨리 구멍을 뚫어 출구를 만들었다. 민정이는 물을 손에 받아서 바쁘게 가지고 왔다 갔다 했다. 나는 흙을 가지고 와서 무너지려고 하는 쪽에 흙을 더 붙였다.

그러다 보니 어두운 저녁이 됐다. 그래서 손을 놀이터 가운데 있는 화장실에서 씻고 집으로 돌아왔다. 그리고 오늘 한 일 중에서도 두꺼비집을 만들었다는 것이 머리에 남았다.

나는 난쟁이가 되어 두꺼비 구멍 속에서 왔다 갔다 하면서 장난감 차를 타고 싶었다.

〈2학년 허윤정〉

허풍으로 쓰지 말기

일기는 꾸며서 쓰면 안 돼요. 부끄럽고 창피한 일이더라도, 다시는 그런 창피하고 부끄러운 일이 되풀이되지 않도록 하기 위해서 사실대로 써야 해요. 거짓말을 하거나 과장되고 허풍스러운 글은 쓰지 않도록 하세요.

아래에서 과장된 글, 허풍스런 글을 찾아 보세요.

6월 13일 화요일 비

내가 잘하는 것

내가 잘하는 것은 산수, 달리기, 빵 만들기 등 여러 가지가 있다. 그중에서 빵 만들기가 최고이다.

오늘은 비가 와서 저녁에 엄마께서 허리가 아프다고 하셨다. 그래서 나는 가족에게 줄 빵을 만들었다. 먼저 계란을 흰자, 노른자로 나눈 다음 흰자는 거품을 내고, 노른자는 설탕을 뿌린 다음 젓는다. 큰 그릇에다 흰자와 노른자를 섞어 저어서 프라이팬으로 구우면 된다. 이 모든 것을 나는 엄마한테서 배웠다.

저녁에 우리 가족 모두가 모였을 때, 나는 빵을 만들어내었다. 아빠와 동생이 빵을 누구한테 배웠냐고 물었다. 나는 혼자서 책보고 배웠다고 했다. 엄마가 맛있다고 칭찬해 주셨다.

〈3학년 이호순〉

혼자 써 볼래요

앞에서 골라낸 허풍스런 글을 고쳐 새로 써 보세요.

아래에서 과장된 글, 허풍스런 글을 찾아보세요.

3월 20일 월요일 맑음

반장선거

오늘 우리 반은 반장선거를 하였다. 나는 공부를 잘하고, 키도 커서 반장 후보에 올랐다. 인기가 가장 많은 내가 반장이 되는 일은 당연할 것이다.

나는 내 소견을 자신 있게 발표했다. 다른 아이들은 덜덜 떨면서 반장을 뽑아 달라고 했지만, 나는 당당히 뽑아 달라는 말을 하지 않았다. 그래도 내가 뽑힐 것이기 때문이었다.

드디어 투표시작!

나는 드디어 라이벌인 수정이를 1표 차이로 누르고 반장이 되었다. 아이들은 박수를 쳐 주었다. 수정이는 눈물을 흘렸고 나는 웃었다. 수정이가 불쌍했다. 나는 수정이에게 반장을 돌려주고 싶었다.

〈3학년 석아현〉

혼자 써 볼래요

옆에서 골라낸 허풍스런 글을 고쳐 새로 써 보세요.

일기는 남에게 보여 주려고 쓰는 것이 아니에요. 그러니까 다른 사람이 자기 일기를 보고 어떻게 생각할까, 걱정하면서 쓸 필요가 조금도 없어요.

아래의 어린이처럼 부끄러웠던 일도 솔직하게 쓰면 다음부터는 그런 잘못을 하지 않게 되겠지요.

9월 10일 목요일 맑음

처음 배운 표시

오늘 나는 <글쓰기 교실>에서 여러 가지 표시를 배웠다. 지렁이가 꾸불텅거리는 것 같은 ∽ 표시와 계단 같은 √ 표시, 산처럼 생긴 ⌒ 표시를 배우며 썼다.

원고지 교정기호라는 표시였는데, 선생님께서 가르쳐 주실 때마다 나는 모두 알고 있다고 자랑을 했다. 그래서 미선이에게 가르쳐 주었다.

하지만 나는 진짜로 처음 보는 표시였다. 선생님께서 다른 표시를 칠판에 적으시고 나에게 물으셨다.

"지연이가 무슨 표시인지 말해 보렴."

선생님께서 나에게 말씀하셨지만 나는 정말로 처음 보는 표시라서 대답을 못했다. 나는 너무 창피했다. 한참동안 말을 못하고 서 있기만 했다.

거짓말 때문에 괜히 창피만 당했다.

〈3학년 최지연〉

잘못했던 일을 돌아 봐

하루를 기록하는 것만으로 일기를 써서는 충분하지 않아요. 일기는 내일을 위해 쓰기도 해요.

오늘보다 나은 내일을 위해, 오늘 실수를 내일 되풀이하지 않기 위해 기록해 두는 것이지요. 오늘 일을 차분하게 반성하고, 내일을 설계하는 마음으로 일기를 써야 하겠지요.

아래 글을 읽고 다짐하고 반성해야 할 일을 생각해 보세요.

5월 21일 일요일 맑음

계양산

오늘은 온 가족이 계양산에 올라갔다. 약수를 뜨러 온 사람과 운동을 하러 온 사람 등 많았다. 내가 할아버지께 "목이 마르고 더워요." 하고 말하니 옆에 계신 할아버지께서 물을 떠 주셨다.

우리 가족은 점심을 먹었다. 산에서 밥을 먹으니 밥맛이 더 좋았다.

그런데 산의 나뭇가지들이 다 부러질 것 같은 것도 있고 가지가 없는 것도 있었다. 나는 그것을 보고 나무가 참 못생겼다고 생각했다. 그런 나무는 모두 뽑아 버려야 깨끗해질 것 같았다.

〈3학년 석아현〉

혼자 써 볼래요

옆의 글을 읽고 반성해야 할 말을 덧붙여 써 보세요.

아래 일기를 읽고 다짐하고 반성해야 할 일을 생각해 보세요.

4월 12일 수요일 맑음

나쁜 성격

나는 요즘에 성격이 나쁘게 변한 것 같다. 괜히 죄 없는 아이들에게 화를 내고 시비를 걸어 싸움을 하게 된다.

오늘 점심시간 때의 일이다. 종길이가 공을 가지고 놀고 있기에 트집을 잡아서 종길이를 화가 나게 만들어놓았다. 그러고는 대드는 종길이에게 소리를 버럭 지르며 화를 내었다.

내 성격이 요즘 이상하고 못되게 변했다. 이렇게 되다가는 나는 친구가 한 명도 없게 될 수도 있겠다.

〈5학년 공병돈〉

혼자 써 볼래요

반성해야 할 일을 덧붙여 써 보세요.

....

....

아래 글을 잘 읽어 보세요. 지은이가 다음부터는 헌 책상을 잘 아끼겠죠? 반성하는 마음이 잘 드러나 보여서 좋은 일기예요.

11월 20일 일요일 맑음

새로 사온 책상

그동안 누나와 같이 한 책상을 쓰고 있었다. 그것도 아주 헌 책상이었다. 그래서 누나와 나는 서로 불평을 하곤 했다. 그런데 뜻밖에도 오늘 해질 무렵에 어머니께서 새 책상을 하나 사 오셨다. 나는 당연히 내 책상 이라고 생각하며 좋아했다. 그런데, 어머니께서 말씀하셨다.

"이 책상은 성희가 쓰고, 지금까지 쓰던 책상은 네가 쓰도록 해라."

나는 기분이 나빴다. 하지만 누나는 기분이 퍽 좋은 모양이다. 나는 누나에게 새 책상을 달라고 했지만 어림도 없었다.

하루 종일 공부도 하기 싫고 괜히 심술만 났다. 화가 나서 헌 책상을 발로 차기도 했다. 그러나 내 발만 아팠다. 더 화가 났다.

공부도 단념하고 텔레비전을 켰다. 그런데 텔레비전 방송을 보며 반성을 하게 되었다.

"무엇이나 오래 쓸수록 정이 붙습니다. 영국 어느 대학에서는 몇 백 년 동안이나 같은 책걸상을 쓰고 있습니다."

화를 낸 것이 부끄러워졌다. 그리고 헌 책상이 소중해 보였다.

〈4학년 김영오〉

이제까지 공부한 것을 바탕으로 일기의 짜임에 맞춰 써 보세요.

날짜, 날씨	5월 2일 월요일 흐림
제목	스스로 치운 방이 더 깨끗해 보여요
중요한 일	내 방을 치웠다. 정말 싫었다. 그래도 꼭 치우라는 어머니의 말씀에 억지로 치울 수밖에 없었다. 참으로 싫었다. 그런데 점점 재미있었다. 기쁜 마음으로, 그리고 웃는 얼굴로 청소를 하니 저절로 콧노래가 입에서 흘러나오는 것이었다. 노래를 불러보니 마음이 한결 더 상쾌해지는 것 같았다.
반성	더러웠던 내 방을 다 치우고 나니 조금 이상한 것을 발견할 수 있었다. 그 이상하다는 것은 바로 어머니나 큰 이모할머니, 또는 외할머니께서 치워 주셨던 나의 방보다도 나, 자기 스스로가 땀 흘려서 열심히 치운 나의 방이 훨씬 더 깨끗하고 단정해 보인다는 그것을 알아냈던 것이다.
다짐	이제부터라도 나의 방은 남에게 절대로 미루거나 맡겨두지 않고 자기 자신의 방은 바로 나, 자기 자신 스스로가 땀 흘려서 열심히 치우겠다고 마음속으로 굳게 다짐하였다. 나는 갑자기 효녀가 된 것 같았다. 효녀 심청 이야기가 머릿속에 살며시 떠올랐다. 오늘은 정말로 즐겁고, 신나고, 재미있고, 보람 있고, 이다음에 커다란 어른이 되어도 기억될 하루였다. 〈2학년 전혜민〉

일기의 짜임

(1) 날짜, 날씨

5월 2일 월요일 흐림

(2) 제목 달기

스스로 치운 방이 더 깨끗해 보여요.

(3) 중요한 일 쓰기

내 방을 청소함.

청소하기 싫었지만 어머니의 말씀에 따름.

청소가 점점 재미있음.

노래를 부름. 상쾌해짐.

(4) 반성과 다짐

앞으로도 내 방은 스스로 청소하겠다고 다짐함.

날짜, 날씨	6월 7일 수요일 맑음
제목	콩나물 심부름
중요한 일	저녁 무렵, 어머니께서 심부름을 시키셨다. 텔레비전에서 한참 재미있는 프로를 하는데, 심부름을 시킨 것이다. 나는 투덜거리며 심부름을 갔다 왔다. “엄마 심부름 갔다 왔어.” 엄마는 나를 보시며, “아이고, 덜렁대는 건 누굴 닮았냐? 콩나물을 사오라 그랬더니 산나물을 사오면 어떡하니?” 하고 꾸중을 하셨다. 그리고 다시 심부름을 갔다 오라고 하셨다.
반성과 다짐	나는 다시 심부름을 갔다. 나는 이렇게 생각했다. 아까 엄마한테 투덜거리는 걸 하나님이 내려다보시고 나한테 이런 벌을 주신 것이라고. 그래서 다음부턴 엄마한테 짜증을 내지 말아야겠다고 다짐했다. 〈5학년 윤미정〉

혼자 써 볼래요

옆의 글을 일기의 짜임에 맞추어 써 보세요.

(1) 날짜, 날씨

(2) 제목 달기

(3) 중요한 일 쓰기

(4) 반성과 다짐

혼자 써 볼래요

여러분도 글감을 찾아서 일기의 짜임에 맞추어 써 보세요.

오늘은 관찰일기를 써 볼까요?
주위에 있는 동물이나
식물을 관찰해 보세요!
어쩌고~
저쩌고~
2015년 11월 12일
아롱이는 벌써 3시간째
쉬지 않고
수다를 떨고 있다~

제5강

아주 특별한 일기를 보여 줄게 1탄

-관찰 일기, 독서 일기, 여행 일기-

일기를 매일 쓰다 보면 글감이 잘 떠오르지 않을 때가 많지요? 그럴 때에는 조금 다른 형식으로 써 보는 것도 좋은 방법이에요. 나만의 특별한 일기가 된답니다.

추억을 위한 여행 일기

가까운 곳이든 먼 곳이든 여행을 하고 난 뒤에, 또는 여행을 하는 도중에 일기를 써 보세요. 나중에 시간이 아주 많이 지난 뒤에도 일기를 보면 여행했던 장소가 그림처럼 떠오르고, 여행하면서 생겼던 여러 가지 추억이 되살아날 거예요.

여행 일기를 쓸 때는 여행한 장소, 여행에서 배운 것, 여행하면서 얻은 생각, 그리고 느낌 등을 자세히 써야 해요.

다음 글을 읽고 여행 일기의 짜임을 생각해 보세요.

날짜, 날씨	6월 5일 금요일 맑음
제목	조상들이 살던 민속촌
학교에서 버스 타기	오늘은 봄소풍 가는 날이다. 간 곳은 용인 민속촌. 학교에서 출발해서 1시간 30분쯤 버스를 타고 갔다.
용인민속촌 풍경	용인 민속촌 안에는 텔레비전에서 보았던 커다란 대감 집도 있고, 보통 사람이 살았던 작은 집도 있었다. 대감 집은 대문이 크고 방도 셀 수 없이 많았다. 선생님께서 그 모든 방에 하인들과 가족들이 살았다고 하셨다. 초가집도 있었다. 초가집 곁에는 말을 기르는 작은 집도 있었다. 그리고 닭과 오골계도 옆에서 기르고 있었다.
농악 구경	집에서 싸 간 김밥을 점심으로 먹고 난 다음에 흥겨운 농악 놀이를 구경했다. 그리고 집에 가기 전에 기념품으로 마패를 샀다. 말이 5 마리가 그려진 마패였다. 마패에 그려진 말이 많을수록 좋은 마패라고 어디에서 들은 기억이 났다.
느낌	민속촌에 하루 종일 있으니까 내가 옛날 사람이 된 것 같았다. 사람도 많고 먼지가 많아 피곤했지만 참 즐거운 하루였다. 〈 5학년 임혜진〉

여행 일기 쓰는 요령

(1) 다녀온 곳 정하기

용인 민속촌

(2) 날짜, 날씨 쓰기

6월 5일 금요일 맑음

(3) 제목 달기

조상들이 살던 민속촌

(4) 여행 순서에 따라 쓰기

학교에서 버스를 탐

대감 집과 초가집 등 용인 민속촌의 풍경

점심식사 후 농악놀이 구경

여행 후의 느낌

혼자 써 볼래요

여행 일기 쓰는 요령에 따라 직접 여행 일기를 써 보세요.

(1) 다녀온 곳을 정해 보세요.

(2) 날짜와 날씨를 써 보세요.

(3) 내용에 알맞은 제목을 달아보세요.

(4) 여행한 순서에 따라 일기의 짜임을 써 보세요.

(5) 짜임이 정해졌으면 여행 일기를 직접 써 보세요.

날짜 :

제목 :

책을 읽고 쓰는 독서 일기

책을 읽고 느낀 점을 써 놓으세요. 나중에 독후감을 쓸 때 훌륭한 자료가 될 것입니다. 독서 일기는 책을 읽고 난 후 그 느낌을 쓴 일기예요.

독서 일기를 쓸 때에도 제목을 새로 붙여 쓰세요. 어떤 이린이는 책의 제목을 그대로 쓰는데, 그렇게 하지 말고 자기 느낌에 맞는 제목을 새로 달아보세요.

읽은 날짜, 날씨	11월 10일 화요일 맑음
제목	개를 동생처럼 사랑한 네로
전체 느낌	학교 끝나고 집에 돌아와 세계명작 중 20권째로 있는 <플란더스의 개>를 읽었다. 나는 이 책을 모두 읽고 덮으면서 눈물을 흘렸다.
줄거리 요약	비록 짐승이지만 자신을 구해 준 주인에게 은혜를 갚으려고 하는 개.
배울 점	네로에게도 배울 점이 있었다. 짐승인 플란더스의 개를 동생처럼 보살펴 주는 마음이 바로 네로에게서 배울 점이었다.

반성	나는 동생에게 매일 구박만 하지 네로처럼 아끼고 보살펴 주지는 못했는데……. 앞으로는 네로가 플란더스의 개를 아끼는 것보다 더 많이 동생을 아껴야겠다.
감동 받은 대목	할아버지가 아프실 때에 대신 수레를 끌고 우유배달을 한 네로와 플란더스의 개가 참 가여웠다. 할아버지께서 돌아가시자 네로는 그토록 보고 싶었던 그림을 보고 성당 앞에서 플란더스의 개와 죽음을 맞이한다.
느낌 정리	이 책을 읽고 내 눈에 눈물이 맺혔다. 다른 친구들에게도 이 감동을 전하고 싶다. 〈4학년 정경은〉

독서 일기 쓰는 요령

(1) 읽은 책 정하기

플란더스의 개

(2) 날짜, 날씨 쓰기

11월 10일 화요일 맑음

(3) 제목 달기

개를 동생처럼 사랑한 네로

(4) 감상 후 짜임 쓰기

전체 느낌

줄거리 요약

배울 점

반성

감동받은 대목

느낌 정리

혼자 써 볼래요

독서 일기 쓰는 요령에 따라 직접 독서 일기를 써 보세요.

(1) 읽은 책을 정해 보세요.

(2) 날짜와 날씨를 써 보세요.

(3) 내용에 알맞은 제목을 달아보세요.

(4) 감상 후 짜임을 써 보세요.

(5) 짜임이 정해졌으면 독서 일기를 직접 써 보세요.

나만의 눈으로 쓰는 관찰 일기

방학 때 시골에 놀러가서 본 것들을 일기처럼 기록해 보세요. 그 어떤 연구 글보다 생생할 수 있어요.

관찰 일기에 반드시 자연을 본 것만을 쓰지 않아도 돼요. 주변에 흥미로운 것이 있으면 무엇이든 관찰 일기의 글감이 될 수 있어요.

예를 들어 선풍기, 전등, 옷장, 책상, 컴퓨터, 게임기 등 방 안에 있는 물건들을 관찰하고 자세히 쓰고 나서 느낌을 정리하면 훌륭한 관찰 일기가 됩니다.

관찰 일기의 글감

〈내 얼굴〉

내 얼굴이 어떻게 생겼는지 간단히 써 보세요.

〈학교의 모습〉

운동장의 크기, 놀이터, 교실 수, 실습실 등 학교 모습을 써 보세요.

〈내 가방〉

가방의 모양, 가방 속에 들어 있는 것을 간단히 써 보세요.

〈내 친구들〉

알고 있는 친구의 숫자와 이름, 생김새, 성격 등을 써 보세요.

글을 읽고 관찰 일기의 짜임을 생각해 보세요.

관찰 날짜, 날씨	8월 2일 화요일 맑음
제목	강낭콩의 자람 (1)
관찰 이유	학교에서 특별활동으로 식물반에 들었는데, 이번 달의 과제는 강낭콩의 자람을 관찰하는 것이다.
관찰 내용	일주일 전 화분에 심었던 강낭콩 싹이 오늘 아침 살펴보니 흙을 밀치고 나오기 시작했다. 양달과 응달에 각각 하나씩 심었는데, 양달의 강낭콩 싹은 새파래서 건강하게 보이는데, 응달의 싹은 노란색이고, 양달의 것보다 키가 조금 더 커 보인다.
느낌	확실히 양달에선 건강한 싹이 나왔다. 햇빛이 식물에겐 절대로 필요한가 보다.

관찰 날짜, 날씨	8월 29일 월요일 흐림
제목	강낭콩의 자람 (2)
관찰 이유	식물반 과제인 강낭콩 자람을 계속 관찰했다.
관찰 내용	양달의 강낭콩은 키가 몰라보게 컸다. 16cm이고, 꽃망울이 생겼다. 잎의 수는 7개가 되었다. 꽃이 핀 것도 있었다. 응달의 강낭콩도 키가 매우 컸지만, 잎의 수가 5개밖에 안 되었다. 물을 주었어도 꽃이 안 피었고, 잎이 노랗고, 잎의 너비가 좁았다.
느낌	양달과 응달의 차이가 날이 갈수록 큰 이유는 햇빛 때문이란 것을 알았다. 이번 관찰로 햇빛의 고마움을 다시 생각하게 되었다. 〈4학년 김주영〉

관찰 일기 쓰는 요령

(1) 관찰 대상 정하기

강낭콩

(2) 날짜, 날씨 쓰기

8월 2일 화요일 맑음

(3) 제목 달기

강낭콩의 자람

(4) 관찰 순서에 따른 짜임 쓰기

관찰하게 된 이유

관찰한 내용

관찰 후의 느낌과 생각

혼자 써 볼래요

관찰 일기 쓰는 요령에 따라 직접 관찰 일기를 써 보세요.

(1) 관찰 대상을 정해 보세요.

(2) 날짜와 날씨를 써 보세요.

(3) 내용에 알맞은 제목을 달아보세요.

(4) 관찰 순서에 따라 짜임을 써 보세요.

(5) 짜임이 정해졌으면 관찰 일기를 직접 써 보세요.

날 짜 :

제 목 :

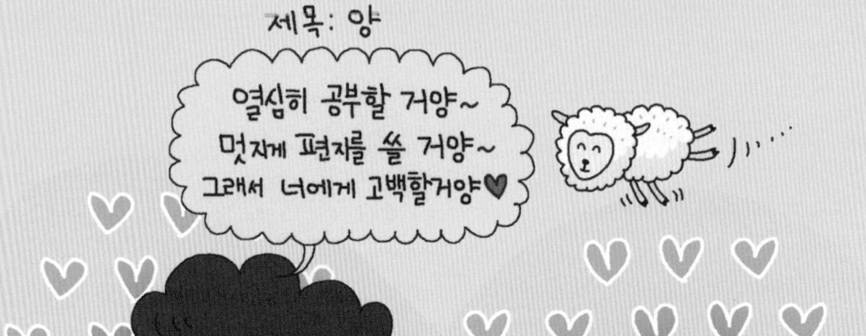
제목: 양
열심히 공부할 거양~
멋지게 편지를 쓸 거양~
그래서 너에게 고백할거양♥
일기장

제6강

아주 특별한 일기를 보여 줄게 2탄

-동시 일기, 조사 일기-

특별한 내 느낌, 동시 일기

일기를 시로 대신하여 쓰는 경우도 있어요. 하루 중에 인상 깊었던 일을 시로 쓰고, 줄글을 밑에다 써넣는 방법도 좋겠지요.

동시라고 해서 어렵게 느끼는 친구도 있을 거예요. 하지만 부담스럽게 생각하지 말고, 나의 생각과 느낌을 자유롭게 표현하면 된답니다.

어떠한 일을 겪었을 때 들었던 생각과 느낌을 다양한 단어로 표현하고, 빗대어 나타내 보세요. 행과 연을 잘 나누면 근사한 동시가 될 거예요.

길게 쓰지 않아도 괜찮으니 일단 도전해 보세요.

아래 글을 읽고 동시 일기의 짜임을 생각해 보세요.

날짜, 날씨	6월 2일 목요일 맑음
제목	시험
행과 연에 맞추어 동시 쓰기	콩닥콩닥 쿵덕쿵덕 무서운 시험지 온몸이 오싹해지는 무서운 시험지 친구 걸 보고 할까 아니야, 그러면 안 돼 친구 걸 보지 않았는데도 떨리는 내 마음
줄글 붙이기	시험을 보았는데, 너무도 떨렸다. 옆자리에 앉은 수연이 시험지가 자꾸 눈에 걸려와서 나는 보지도 않았는데, 얼굴이 빨개지고, 가슴이 쿵쿵 뛰었다. 집에 돌아와서도 마음은 가라앉지 않았다. 역시, 남의 것을 훔쳐보는 것은 나쁜 일인가 보다. 다음부터는 절대로 그런 마음 갖지 않겠다. 〈6학년 박하나〉

동시 일기 쓰는 요령

(1) 글감 정하기

시험을 보면서 떨리는 마음

(2) 날짜, 날씨 쓰기

6월 2일 목요일 맑음

(3) 제목 달기

시험

(4) 짜임 쓰기

글감을 행과 연에 맞추어 동시로 만듦

줄글을 붙임

혼자 써 볼래요

동시 일기 쓰는 요령에 따라 직접 동시 일기를 써 보세요.

(1) 글감을 정해 보세요.

....

....

(2) 날짜와 날씨를 써 보세요.

....

....

(3) 내용에 알맞은 제목을 달아보세요.

....

....

(4) 짜임을 써 보세요.

....

....

(5) 짜임이 정해졌으면 동시 일기를 직접 써 보세요.

날짜 :

제목 :

궁금한 것 찾아보는 조사 일기

조사 일기는 여러분들이 궁금해하는 것에 대해 충분히 조사해서 그 내용을 기록하는 일기예요.

예를 들면 '우리나라의 수수께끼에는 어떤 것이 있을까?', '우리 친척의 촌수는 어떻게 되나?'. '우리 고장에는 어떤 식물이 살고 있나?' 하는 물음에 대해 조사해서 기록한 일기를 말해요.

조사 일기에는 조사한 내용을 자세히 쓰고 그 뒤에 느낌을 덧붙이세요.

글을 읽고 조사 일기의 짜임을 생각해 보세요.

날짜, 날씨	9월 4일 월요일 맑음
조사대상(제목)	우리 학급 사투리 조사
조사한 이유	우리 학교의 이번 달 생활 목표가 '고운 말, 바른 말을 쓰자.'이다. 우리는 요즘 텔레비전에서 나오는 사투리를 많이 흉내 낸다. 그래서 우리 학급에서 많이 쓰는 사투리를 조사했다.
조사방법	학급 어린이들이 쓰는 사투리를 조사했다.
정리방법	지방별로 정리했다.

조사내용	◎ 찾아낸 사투리 (1) 함경도 사투리 - 쫑깐나 새끼, 된다니끼 (2) 경상도 사투리 - 아줌매, 이노무 손이 (3) 충청도 사투리 - 괜찮아유, 미안하구먼
조사결과	우리 학급에서 가장 많이 쓰는 사투리는 함경도, 경상도, 충청도 사투리이다. 그 이유는 텔레비전 코미디 프로에서 나오는 대사를 흉내내다가 습관이 된 것이다.
느낌	장난삼아 사투리를 쓰는 일은 재미있을지 몰라도, 버릇이 되면 안 될 것이다. 〈6학년 전기진〉

조사 일기 쓰는 요령

(1) 조사 대상 정하기

사투리에 대하여

(2) 날짜, 날씨 쓰기

9월 4일 월요일 맑음

(3) 제목 달기

우리 학급 사투리 조사

(4) 짜임 쓰기

조사한 이유 - 조사 방법

정리 방법 -조사 내용

혼자 써 볼래요

조사 일기 쓰는 요령에 따라 직접 조사 일기를 써 보세요.

(1) 조사할 대상을 정해 보세요.

(2) 날짜와 날씨를 써 보세요.

(3) 내용에 알맞은 제목을 달아 보세요.

(4) 짜임을 써 보세요.

(5) 짜임이 정해졌으면 조사 일기를 직접 써 보세요.

날짜 :

제목 :

◎ 조사 방법

◎ 정리 방법

◎ 조사 내용

◎ 조사 결과

◎ 조사 후의 느낌

생활문은 생활을 하면서 겪은 여러 가지 일을 쓴 글이에요~
아하, 일기는 그날 있었던 일을 쓰는 거고~
생활문은 아무 때나 있었던 일을 쓰는 거구나?
으휴~ 바보들! 그걸 이제야 알았어?
긁적~ 긁적~

제7강

생활문, 왜 써야 해요?

생활문은 여러분이 '생활을 해 나가면서 듣고, 보고, 겪은 여러 가지 일을 쓴 글'이에요.

우리는 매일매일 무척이나 많은 것을 보고 듣고, 느끼고 있어요. 생활이 바로 그런 일들의 계속이지요. 기쁜 일도 있고, 슬픈 일도 생겨요. 또는 가끔씩 화가 치미는 일도 있고, 웃기는 일도 있을 거예요. 이런 여러 가지 일 중에서 가슴 깊이 새겨둘 특별한 일을 쓴 글이 바로 생활문이에요.

이래서 생활문 쓰기가 좋아

생활문이 곧 글쓰기라고 생각하고 있는 어린이가 많을 정도로 생활문은 누구나 한두 번쯤은 써 보았을 거예요. 학교에서도 생활문을 써 오라는 과제를 많이 내 주지요.

어떤 친구는 쓸 만한 좋은 경험도 없는데 자꾸 생활문을 써 오라고 해서 걱정일 거예요. 하지만 선생님들이 자주 생활문 숙제를 내 주는 데는 그만한 이유가 있답니다.

체험을 생생하게 기억할 수 있어.

우리는 여러 가지 일을 겪으면서 커 나가지요. 그중에서도 우리에게 특별히 감동을 주는 일이 있을 거예요. 하지만 우리의 기억에는 한계가 있어서 그 모든 감동을 전부 머릿속에 저장해 둘 수는 없어요. '사람은 망각의 동물이다.'라는 말도 있으니까요.

생활문을 많이, 자주 써 놓으면 그 당시의 느낌을 금세 되살릴 수 있어요.

사물을 자세하게 관찰하게 돼.

생동감을 주는 생활문이 되려면 우선 자신이 겪은 느낌이 실감나게, 자세하게 표현돼야 해요.

그래서 생활문을 자주 쓰면 자신이 보고, 듣고, 느끼는, 모든 것을 자세하게 관찰하는 습관이 절로 생겨나요.

깊이 생각하는 힘이 생겨.

생활문을 쓰려면 먼저 자기 경험을 가만히 되새겨 보아야 해요.

'내 행동이 과연 옳았나? 틀렸다면, 무엇이 있을까? 그런 일이 내게 다시 닥치면 어떻게 하지?' 하는 생각을 해 봐야 하죠. 생활문을 쓰면서 자신의 경험을 다시 한 번 깊이 생각하게 돼요.

실수하지 않게 돼.

잘 쓰여진 생활문은 읽은 사람에게 감동을 주고, 생활의 지혜를 주기도 해요.

좋은 생활문을 읽으면 마치 실제로 그 일을 겪는 것처럼 느껴져요. 그래서 읽는 사람도 그와 비슷한 일이 닥치면 실수하지 않을 것이고, 어떤 생활 방식이 옳은지 알게 되지요.

문장력이 좋아져.

생활문을 자주 쓰다 보면 재미있고 의미 있는 글감을 쉽게 찾게 되고, 읽는 사람에게 감동을 주기 위해 짜임새를 조리 있게 만들 수 있게 돼요.

게다가, 장면을 생생하게 표현해야 하므로 단어와 문장을 쓰고 엮는 능력이 생기지요.

난 유치원 때
글쓰기 상 받은 이야기를
쓸거야, 1학년때도 받았지?
2학년때도? 쓸 이야기가
너무 많은데?
그…만…
그…만…

제8강

생활문 쓰기, 어렵지 않아요!

여러분들은 쓸 이야기, 글감이 없다고 자주 울상을 짓지요? 매일 똑같은 일만 반복하는데, 어떻게 특별한 이야기를 써 내느냐고 항의하는 어린이도 많아요.

그런데 곰곰이 생각해 보고 자세히 살펴보면 우리는 매일, 비슷한 생활을 하면서도 조금씩 다른 일과 마주치기도 해요.

어느 날은 정전이 되어 숙제를 못하게 될 것이고, 또 어떤 날엔 어머니께서 칭찬을 해 주실 것이고, 학교에서도 친구들과 싸움을 할 때도 있을 거예요. 짝꿍이 전학 갈 때도 있고, 새로운 선생님께서 담임을 맡기도 하죠. 그리고 군것질을 해서 배탈이 날 수도 있고, 생일잔치에 초대받을 때도 있을 거예요.

이렇게 차근차근 돌아보면 조금씩 다른 일들이 일어나고 있어요.

낮게 나는 새가 자세히 세상을 보듯

많은 사람들이 거의 매일 같은 일을 하면서 생활하지요. 특이한 체험도 별로 없겠죠. 그렇다고 생활문을 쓸 때, 남들도 모두 겪는 일을 같은 내용으로 쓴다면 읽는 사람이 시시하다고 생각하겠죠?

읽는 사람들에게 재미와 감동을 주려면 자신만의 독특한 경험을 써야 해요.

그러면 어떤 일이 나만의 특별한 경험일까요? 그러한 글감을 찾는 일이 생활문 쓰기에서 가장 중요하고 먼저 생각해야 할 일이에요.

하루 생활을 시간대별로 나누어서 생각해 볼 수 있어요. 먼저 아침 시간에 있었던 일을 떠올려 보세요. 그리고 등하굣길, 공부 시간……. 이렇게 시간대별로 일어났던 일을 곰곰이 생각해 보세요. 좋은 글감이 떠오를 거예요.

하루의 시간	글감의 예
아침 시간	어처구니없이 오줌 싼 일 늦잠 자서 지각한 일 반찬 투정부린 일 허겁지겁 밥 먹다가 국을 쏟은 일 아빠의 구두를 닦아 드린 일
등하굣길	계절이 바뀐 거리의 모습 낯선 사람을 만난 일 교통사고 모습 다른 생각을 하다가 전봇대에 부딪힌 일 선생님을 만난 일
공부 시간	장난하다가 꾸중 들었던 일 성적이 올라 칭찬 받은 일 갑자기 배가 아파 혼났던 일 체육시간에 있었던 일 짝꿍에게 도움 받은 일
점심 시간	도시락 반찬에 대해서 화장실에서 생긴 일 복도에서 장난한 일 친구들과 운동장에서 놀던 일

혼자 써 볼래요

여러분들도 하루의 시간을 쪼개서 글감을 찾아 보세요.

하루의 시간	글감의 예
아침 시간	
등하굣길	

공부 시간

점심 시간

하루의 시간 말고도 봄에 일어난 일, 여름에 일어난 일, 가을에 일어난 일, 겨울에 일어난 일 등 계절별로 글감을 생각해 볼 수도 있어요.

계절	글감의 예
봄	봄소풍 가서 재미있던 일 식목일에 나무 심던 일 새싹을 키우던 일, 예방주사 맞던 일 대청소한 일
여름	여름방학에 해변에 놀러간 일 수영장에서 있었던 일 야영, 극기훈련 갔던 일 모기, 벌레에 물린 일, 배탈난 일
가을	운동회 날, 코스모스와 고추잠자리 단풍잎, 가을풍경 추석 때 성묘간 일, 사생대회 나갔던 일 보름달을 본 일
겨울	스케이트장에서 있었던 일 감기에 걸렸던 일 난로에서 이야기하던 일 설날에 세배한 일

혼자 써 볼래요

계절별로 글감을 써넣어 보세요.

계절	글감의 예
봄	
여름	

가을

겨울

그리고 유치원 때, 1학년 때, 2학년 때, 3학년 때 등 학년별로 나누어서 글감을 생각해 볼 수 있어요.

학년	글감의 예
유치원	입학하던 날의 일 선생님을 만난 일 친구들을 만난 일 발표회 하던 일 미술과 무용을 배우던 일
1학년	학교에 처음 입학한 날 새로운 친구들을 만난 일 새 교실에 들어간 일 처음 소풍가던 날 교실에서 다투던 일
2학년	새 학용품을 샀던 일 운동장에서 공놀이하던 일 시험을 본 일 소풍가서 장기자랑하던 일 화장실 청소한 일

3학년	생일초대 받은 일 친척집에 놀러 간 일 우산을 잃어버린 일 선생님께 칭찬 받은 일
4학년	게임해서 야단맞은 일 점심시간에 배가 아프던 일 운동장에서 뛰어논 일 컴퓨터 바꾼 일 눈싸움을 한 일
5학년	피아노 실력이 늘어 기분 좋은 일 사생대회에서 상을 탄 일 생일 파티를 연 일 수학여행을 떠난 일 동생과의 싸움
6학년	극기훈련에서의 일 견학한 일 전학 갔던 일 중학교에 들어가는 설렘 졸업식 때의 일

혼자 써 볼래요

학년별로 글감을 써넣어 보세요.

학년	글감의 예
유치원	
1학년	
2학년	

3학년	
4학년	
5학년	
6학년	

이와 같이 시간이 지남에 따라 생활이 변하면서 우리는 여러 가지 경험을 한답니다.

시간의 흐름에 따라 글감을 생각할 수도 있지만, 여러 장소를 생각하다 보면 색다른 글감이 떠오르기도 해요.

집에서 일어난 일과 학교에서 벌어진 일, 그리고 소풍가서 생긴 일로 나누어 생각할 수도 있어요.

장소	글감의 예
학교에서	실험 실습 때 일어난 일 학예 발표회 반장선거 산수경시 대회 봉사활동
집에서	심부름 갔던 일 아빠 구두 닦아드린 일 집안 청소, 설거지한 일 숙제 때문에 걱정하던 일 친척 분이 오셨던 일
자연에서	처음 보는 풍경의 놀라움 산과 바다의 아름다움 곤충, 식물 채집하던 일 번개, 천둥이 치던 밤 개울에서 고기 잡던 일

혼자 써 볼래요

장소의 바뀜에 따라 글감을 써넣어 보세요.

장소	글감의 예
학교에서	
집에서	
자연에서	

이 외에도 나와 가족, 그리고 친척과 친구, 또는 동물에 대해서도 잘 생각해 보면 좋은 글감이 떠오를 거예요.

장소	글감의 예
나	나의 장점, 단점에 대해서 나의 나쁜 버릇에 대해서 무서운 꿈을 꾸던 일 치과 가던 일 장난치던 일
가족과 친척	아빠와 엄마의 모습에 대해서 삼촌의 공부 실력 할머니께 편지 쓴 일 이모의 결혼식 날 사촌동생이 태어나던 날
애완동물	강아지를 잃어버렸던 일 달팽이를 기르던 일 동물병원에 갔던 일 시골에서 보았던 소의 모습 도망친 고양이

여러분들도 위처럼 나와 나의 주변에 대해서 글감을 생각해 보세요.

혼자 써 볼래요

나와 주변에 대해서 떠올린 글감을 써넣어 보세요.

장소	글감의 예
나	
가족과 친척	
애완동물	

이밖에도 깊이 생각하고 자세히 살펴보면 글감은 여러분 주변에 많이 있어요. 하지만, 자신이 생각하기에 감동을 주었던 일, 충격을 받았던 일, 특이한 느낌의 일들을 글감으로 잡아야 좋은 생활문이 나올 거예요.

특이한 글감으로 생활문을 시작하면 글을 쓰는 사람도 재미있게 쓸 수 있고, 그 글을 읽는 사람도 즐겁지요. 아래 글을 천천히 읽어보세요.

착각

1학년 때의 일이다. 어느 무더운 여름날 있었던 일인데 주말이어서 아버지께서 일찍 오셨다. 그래서 밥을 일찍 먹게 되었다. 맛있게 먹은 밥상을 치우고 텔레비전을 보고 있었다. 아버지는 주방 쪽에서 맥주 한 잔을 가지고 오시더니 거실에 놓으시고 TV를 보셨다. 그때 나는 마침 목이 말랐다. 그래서 모르고 맥주 한 컵을 '꿀꺽꿀꺽' 다 마셔 버렸다. 우리 집은 보리차나 결명자차를 먹기 때문에 착각을 한 것이다. 내가 그것도 모르고 가만히 TV만 보고 있는데 식구들이 "하하하." "호호호." 웃었다.

나는 텔레비전에서 코미디 프로가 나오는 줄만 알고 있었다. 하지만 텔레비전에 나오고 있는건 그런 프로가 아니었다.

그때 오빠가

"너 술 먹었잖아."

하고 말하여 그때서야 알게 되었다. 조금 후 나는 술에 취했는지 이부자리에 들어 곤히 잠들었다.

그 후부터 나는 목이 마르면 물을 떠다가 어머니께 꼭 여쭈어 보고 마신다. 친구들 얘기를 들어보면 나랑 비슷한 경험을 한 아이가 많았다. 그 뒤로 나는 뭐든지 잘 살펴보는 버릇이 생겼다.

〈4학년 김수영〉

위의 글은, 술을 물로 착각해서 마셔서 일어난 일을 썼어요. 보통 글감하고는 조금 다르지요? 이렇게 우리 주변에 있는 모든 것을 글감으로 삼을 수 있지만, 특이한 경험이 더 재미있는 글감이에요.

구성을 잘 맞춰야 생각이 잘 드러나

글감을 찾았으면 어떻게 그 글감을 살려야 하는지 고민해 봐야 해요. '구슬이 서 말이라도 꿰어야 보배.'라는 속담을 들어보았을 거예요. 아무리 특이한 경험을 했더라도 그 경험을 조리 있게 쓰지 못하면 읽는 사람에게 아무런 흥미도 주지 못해요.

구슬을 올바로 꿰는 일이 바로 줄거리를 세우는 일이에요. 흔히 그것을 '구성'이라고 하는데, 글의 구성이 잘 돼 있느냐, 안 돼 있느냐에 따라 주제가 잘 드러났는지, 못 드러났는지 금방 알 수 있어요.

주제란, 쓰는 사람에게는 왜 그 글을 쓰게 되었는지 동기와 목적을 말해요. 그리고 읽는 사람에게는 그 글을 읽은 뒤에 남는 강한 여운이지요. 여러분이 찾아낸 글감이 나무의 씨앗이라면, 줄거리는 나무의 줄기이고, 주제는 그 나무의 열매예요.

자신이 내세우려는 주제가 잘 드러나도록 깊이 생각해서 줄거리를 세

워야 해요.

줄거리를 세우는 과정은 (1)발단, (2)전개, (3)절정, (4)결말로 나뉘어요.

줄거리를 세우는 과정

(1) 발단

발단은 이야기의 시작이에요.

생각해 둔 글감을 소개하는 부분이지요.

(2) 전개

전개는 이야기를 서서히 풀어나가는 부분이에요.

절정에서 벌어질 일을 소개하고 뒷받침하죠.

(3) 절정

절정은 이야기의 핵심 부분이에요.

생각해 둔 글감에서 가장 중요한 장면, 사건을 쓰지요.

가장 하고 싶었던 이야기를 이 부분에서 쓰면 돼요.

(4) 결말

결말은 이야기의 마무리 부분이에요.

이야기를 정리하고 끝을 맺어요.

아래 글을 읽고 지은이가 어떤 과정으로 줄거리를 세워 느낌을 주는지 알아볼까요?

제목	줄넘기가 준 용기
발단	그날 체육시간은 셋째 교시였다. 나는 손잡이가 빠져 버린 내 줄넘기를 가지고 부랴부랴 운동장에 나갔다. 운동장엔 우리 반 아이들이 차례로 줄을 서 있었다. 나는 줄넘기에 대해 선생님의 말씀을 듣고, 간단히 준비체조를 한 다음 맘껏 줄넘기 연습을 했다.
전개	나는 엑스자 돌리기를 못했다. 다른 것은 모두 할 수 있지만 엑스자 돌리기를 못해서 나는 명숙이한테 갔다. 명숙이는 모든 운동을 잘해서 엑스자 돌리기를 내게 가르쳐 주었다. 나는 명숙이를 따라서 하다가 신발 끈에 줄넘기가 걸리는 바람에 그만 퍽, 하고 넘어졌다.
절정	그래도 연습을 해야 하니까 나는 흙을 털고 일어섰다. 무릎이 쑤셔왔지만 나는 이를 악물고 열심히 연습했다. 엑스자 돌리기 연속 일곱 번쯤 했을 때, 실기 평가 시간이 되었다. 나는 노력한 보람이 있어서 실기 평가 점수를 잘 받았다.
결말	나는 마음속으로 '야호!' 하고 소리를 질러 보았다. 기분이 좋았다. 하늘도 내 마음처럼 새파랬다. 나는 이제 무엇이든 자신감을 가지고 도전해 보겠다고 마음먹었다. 〈4학년 이해미〉

줄넘기를 글감으로 삼아 줄넘기 연습에 대해 생생하게 표현하면서 자신감을 얻게 되는 과정을 차근차근 써나가고 있어요. 줄거리를 잘 엮어나갔지요.

위의 글이 어떻게 짜여졌는지 살펴볼까요?

생활문의 짜임

(1) 발단

셋째 교시, 체육시간

준비체조를 함

줄넘기 연습에 들어감

(2) 전개

엑스자 돌리기를 못해서 명숙이에게 감

명숙처럼 엑스자 돌리기를 하다가 넘어짐

(3) 절정

넘어져서 무릎이 아팠지만 일어서 계속 연습함

실기 평가 시간이 됨

좋은 점수를 받음

(4) 결말

기분이 좋음

무엇이든 자신을 갖고 해야겠다고 생각함

가을 운동회

일주일 전에 학교에서 운동회 연습으로 무용 연습을 했다. 연습을 할 때 줄이 엉켜서 잘 안 됐다. 그리고 아이들이 장난만 쳐서 틀린 것이 너무 많았다.

나는 잘 하려고 했지만 윤아가 자꾸 나에게 말을 걸어서 나도 연습을 잘 못했다. 선생님께서 화가 나셨는지, 나와 윤아를 불렀다. 나는 너무 창피했다. 그 많은 아이들 앞에서 무용을 했다. 선생님께서는 짜증이 나셨나 보다.

나와 윤아가 자꾸 틀리자 회초리를 번쩍 들어올리셨다. 나와 윤아는 눈을 질끈 감았다.

하지만 선생님께서는 우리를 그냥 내려 보내셨다.

다음 날부터 윤아와 나는 열심히 무용연습을 해서 하나도 틀리지 않았다. 그래서 선생님께서 우리가 제일 잘한다고 시범을 보이게 했다. 기분이 좋았다.

〈4학년 김연준〉

혼자 써 볼래요

아래의 생활문을 짜임에 따라 간단히 써 보세요.

가을 운동회

(1) 발단

(2) 전개

(3) 절정

(4) 결말

아래의 생활문을 짜임에 따라 간단히 써 보세요.

동생과 다툼

동생이 놀고 있을 때 나는 피아노 학원에 갔다 왔다.

저녁이 되니 동생이 싸움을 걸었다. 내 공책에 낙서를 했던 것이다.

"이거 내 거야."

내가 공책을 뺏으니 동생이 울었다. 공책은 엉망이었다.

나는 동생이 미웠다.

저녁 식사 때 동생이 계란을 주며 웃었다.

"형아야, 미안해."

싫었던 동생이 다시 좋아졌다.

동생은 귀엽다.

〈2학년 장정윤〉

혼자 써 볼래요

동생과 다툼

(1) 발단

(2) 전개

(3) 절정

(4) 결말

좋은 생각은 자기 반성에서

글을 쓰는 일은 자기를 반성하는 일과 마찬가지예요. 생활문을 쓰면서 그동안 겪었던 일을 다시 한 번 돌아보고 반성해 보세요. 다 쓰고 나면 가슴이 뿌듯할 거예요. 그런 생활문을 읽는 사람도 감동하겠지요. 생활에서 얻은 좋은 생각을 전하는 것이죠. 좋은 생각은 보통, 자기 반성에서 나오게 돼요.

반성하는 마음은 보통 결말 부분에 씁니다. 아래 글에서 반성이 어떻게 나타나 있는지 살펴보세요.

심부름과 집안일

"은정아, 슈퍼 가서 과자 한 개만 사와."

언니가 텔레비전을 보며 말했다.

"피, 잔심부름은 꼭 나한테만 시키더라."

나는 불평을 터뜨리면서도 슈퍼에 가서 과자를 사왔다.

"사다 주려면 잔소리 말고 사와야지."

하고 언니가 퉁명스럽게 말했다. 나는 언니가 얄미워서 언니에게 대들었다.

언니가 버릇이 없다며 나를 밀쳤다. 나도 지지 않으려고 언니를 힘껏 떠밀었다.

싸우다 지치니 배가 고파왔다. 언니는 부엌으로 나가 라면을 끓여 방으로 가져왔다.

"어서 먹어."

언니가 나보고 빨리 먹으라고 했다. 나는 슬며시 언니에게 미안했다.

"언니, 미안해."

언니는 뭐가 미안하냐며 밖으로 나가 엄마가 남겨놓은 설거지를 하기 시작했다.

'나는 과자 한 개를 사다주는 것에도 신경질을 냈는데, 언니는 라면까지 끓여주잖아.'

나는 언니가 고마웠다. 언니가 내게 심부름을 시킨 것은 집안일이 바빠서였다. 나도 언니처럼 다음부터는 심부름도 잘하고 집안일도 잘해야겠다고 생각했다.

〈5학년 한은정〉

위의 글은, 집에서 아주 작은 일 때문에 언니와 싸우게 된 이야기를 담고 있어요. 나중에는 언니의 너그러운 마음을 알고 반성하게 된다는 내용이 인상적이네요.

짜임에 따라 이야기를 나눠볼까요?

생활문의 짜임

(1) 발단

언니가 심부름을 시킴

나는 투덜거리며 슈퍼로 감

(2) 전개

심부름을 다녀왔는데, 언니가 퉁명스럽게 대함

나는 언니에게 대듦

언니가 나를 밀치고, 나도 언니를 밀침

(3) 절정

싸우다 지쳐 언니가 라면을 끓임

언니가 끓여온 라면을 먹음

나는 미안해서 설거지를 함

(4) 결말

라면까지 끓여준 언니에게 고마워 함

집안일을 잘해야겠다고 반성함

위에서 나눠 본 것처럼 결말에 반성이 잘 나타나 있죠?

그렇지만 중간 중간에 반성을 넣을 수도 있어요. 다음 생활문을 잘 읽어보세요. 절정 부분에도 반성한 것이 있어요.

잃어버린 사인펜

1교시가 끝난 후 2교시는 아이들이 좋아하는 체육이었다. 선생님께서는

"다음 시간은 체육이니 밖에 나가 줄을 서세요."

하고 말씀하셨다. 나는 내가 가장 아끼는 사인펜을 아무렇게나 놓고 체육을 하러 나갔다. 날씨가 아주 더웠지만 열심히 운동을 했다.

땀을 흘리고 돌아온 나는 교실에서 시원한 물을 마시고 천천히 자리에 앉았다.

그런데 책을 펴 보니 아무렇게 놔두었던 사인펜이 없어진 것이다. 한편으론 속상했지만 아무렇게 놓았던 내가 더 한심했다. 수상해 보이는 애가 1명 있어서 그 애한테 물어 보았다.

"야, 너, 내 사인펜 못 봤어?"

"뭐라고? 그럼 내가 가져갔다는 거야?"

그 애는 오히려 내게 신경질을 냈다.

집에 돌아와 곰곰이 생각해 보니 내가 잘못한 것이었다.

다음부터는 꼭 아무렇게나 물건을 놓지 말아야겠다. 그리고 남을 의심하지 말아야겠다.

〈5학년 김사라〉

혼자 써 볼래요

앞의 생활문을 짜임에 따라 나눠보고 반성한 부분을 골라 보세요.

잃어버린 사인펜

(1) 발단

(2) 전개

(3) 절정

(4) 결말

위의 글은 물건을 잃어버린 것은 누구의 잘못이 아니라, 자기가 제대로 간수를 못한 때문이라는 깨달음이 잘 나타나 있어요. 이처럼 겪은 일을 자세히 쓰려고 집중하면 자기를 더 잘 알게 돼요.

이 단어를 가지고
문장을 만들어 볼까요?
꿈, 아이스크림, 이불
까불이는 꿈에서
아이스크림을 먹다가~
이불에 오줌을 쌌다!
으하하하!!

제9강

생활문, 이렇게 쓰면 더 쉽지롱~ 1탄

재미있는 글감을 잘 찾아도 내용이 허술한 어린이가 있고, 글감은 평범하지만 내용을 아주 재미있게 쓰는 어린이가 있어요. 우선 글감이 특별해야겠지만 그에 못지않게 내용도 충실해야겠죠.

솔직해야 쉽게 쓰지

우리 주위에는 거짓말을 잘하는 친구, 허풍스럽게 이야기하는 친구가 있지요. 그런 친구들의 말을 들으면 잘 믿어지지 않고, 의심하게 되지요.

글도 진실 되게 쓰지 않으면 읽는 사람이 의심하게 돼요. 감동도 덜하고요. 솔직하지 못하고 자꾸 숨기려 하면 글감도 떠오르지 않고 어떻게 써야 할지 모를 때가 많아요. 먼저 솔직해지세요. 글쓰기에 자신이 붙어요.

자신이 겪었던 일들 중에 감동 받았던 일을 골라서 솔직하게 써 보세요. 그러면 읽는 사람도 감동 받게 될 거예요.

아래의 내용으로 마음껏 생활문을 써 보세요.

나의 잘못

(1) 발단

점심시간이 되었음

도시락을 먹는데 찬우가 보이지 않음

찬우는 가난해서 선생님께서 싸오시는데, 선생님께서 연수를 떠나셨음

(2) 전개

찬우가 교실로 들어옴

내 짝꿍이 찬우와 밥을 나눠 먹음

나는 짝꿍이 찬우를 좋아하는 것 같아 기분이 나쁨

(3) 절정

찬우에게 내가 "거지"라고 크게 말함

찬우가 노려봄

나와 찬우는 싸움

내가 잘못했음

(4) 결말

말을 실수한 내 잘못이 큼

다음부터 조심하겠음

혼자 써 볼래요

나의 잘못

창피했던 날

(1) 발단

친구의 생일 잔치에 놀러감

친구 어머니께서 점잖다고 칭찬해줌

(2) 전개

케이크와 과일 등 여러 음식이 나옴

친구들이 허겁지겁 먹기 시작함

나도 음식을 먹음

(3) 절정

음식을 먹다가 실수해서 주스 컵을 엎지름

친구 어머니께서 휴지를 가져와 닦음

너무 빨리 먹으려다가 미역국을 또 엎지름

(4) 결말

다음부턴 의젓하게 식사예절을 지켜야겠음

혼자 써 볼래요

창피했던 날

아래 글은 4학년이나 된 학생이 밤중에 오줌을 싼 부끄러움을 잘 표현한 생활문이에요. 창피할 텐데도 용기를 내서 솔직하게 썼어요. 재미있는 글이 됐지요?

꿈 속의 실수

"쿨쿨."

새벽 5시, 나는 잠을 자고 있었다. 그런데 갑자기 허리쯤에 축축한 것이 뭉개져 고여 있는 느낌이 들었다. 깨서 보니 오줌을 싼 것이었다. 오줌은 동그랗게 침대에 스며들었다. 나는 놀라서 우선 오줌이 스며드는 침대요를 신문지로 막았다. 안방에서 주무시는 엄마를 깨워 사건을 말씀드리자 엄마는 내게 새로운 팬티를 주셨다.

"자, 괜찮으니, 가서 자거라."

엄마는 졸리는지 어서 자라고 했다.

(중간 줄임)

4학년이나 된 내가 처음으로 오줌 싼 것이 부끄러웠다.

오줌 싼 이유를 곰곰이 생각해보니 어제 수박을 너무 많이 먹은데다가 꿈을 꾸었다. 오줌을 누는 꿈을 꾸었는데, 그것이 실제로 옮겨졌던 것이었다.

다음부터는 제발 오줌 싸는 꿈만은 꾸지 말았으면 좋겠다

〈4학년 이봉주〉

단어가 문장을 부른다

글감을 생각해 두었으면 학습장이나 연습장에 글감에 대한 단어를 생각나는 대로 써 보세요.

설명문이나 기록문은 자료가 있어서 자료를 바탕으로 써 나가면 되지만 생활문은 자료가 없지요. 그래서 자료를 만들어야 해요. 그 자료가 바로 몇 가지 단어랍니다.

단어를 바탕으로 문장을 쓰고, 문장을 엮어서 생활문을 써 나가세요.

학원, 엄마	오늘 오후에 학원에 갔다 오니 엄마께서 간식을 주셨다.
칭찬, 머리	선생님께서 칭찬하시며 머리를 쓰다듬어 주셨다.
물, 배탈	더워서 물을 많이 마셨더니 배탈이 났다.
토요일, 재미	토요일 오후에 친구 집에서 재미있게 놀았다.
저녁, 아빠	아빠께서 저녁 늦게까지 돌아오시지 않아 걱정스럽다.
연필, 책상	연필을 분명히 책상 위에 두었는데 보이지 않았다.
꿈, 이불	오줌 누는 꿈을 꾸었는데 다행히 이불이 젖지 않았다.

혼자 써 볼래요

두 개의 단어로 문장을 완성해 보세요.

할아버지, 담배

장미꽃, 생일

엄마, 화장품

아기, 장난감

반찬, 고양이

하하하, 엉금엉금

화장실, 휴지

컴퓨터, 손가락

아침, 참새

꼬르륵, 수영장

만화, 위인전

가을, 청소

두 개의 단어로 문장을 만들어 보았으면, 이제 세 개, 또는 세 개 이상의 단어로 문장을 완성해 보세요.

숙제, 알림장, 가방	숙제를 하려고 가방을 뒤져 보아도 알림장이 보이지 않았습니다.
엉덩이, 주사, 감기	감기에 걸려서 병원에 갔더니 엉덩이에 주사를 맞았다.
동생, 게임기, 아빠, 꾸중	동생과 게임기를 하고 있는데 언제 들어오셨는지 아빠께서 꾸중을 하셨다.
자랑, 박수, 노래, 천둥	장기자랑 시간에 노래를 불렀는데, 아이들이 천둥과 같은 박수를 쳐 주어 기분이 좋았다.

혼자 써 볼래요

세 개 이상의 단어로 문장을 완성해 보세요.

문방구, 색종이, 빨강색

여름, 해수욕장, 햇빛

아빠, 외식, 짜장면

목욕, 치약, 물

코피, 양호실, 친구

500원, 떡볶이, 1000원

더위, 아이스크림, 그늘, 슈퍼

방학, 관찰, 할머니, 옥수수

밤, 번개, 무서움, 이불

하하하, 호호호, 깔깔깔, 아이고

시계, 지각, 화장실, 선생님

자전거, 열쇠, 걱정, 저녁

문장을 합쳐서 단락을 만들자

글감에서 생각한 몇 개의 단어를 문장으로 만들어 보았으면, 다음에는 그 문장을 합쳐 보세요.

문장을 합칠 때는 서로 관계가 깊은 것끼리 묶으세요. 그리고 글감에 관련된 장면, 사건 등을 합쳐진 문장으로 만들어 보세요. 그 중간중간에 더 써넣고 싶은 문장을 덧붙이세요.

글쓰기 대회에서 상을 탔다.

- 글쓰기 대회에서 상을 탔다. 집에 돌아와 어머니께 말씀드렸더니 기뻐하셨다. 나도 기분이 무척 좋았다.

세수를 했다.

- 아침에 일어나서 세수를 하는데 코피가 났다. 세숫대야가 금세 빨갛게 물들었다. 나는 깜짝 놀라서 엄마한테 달려갔다

눈이 펑펑 내립니다.

- 오늘은 아침부터 눈이 펑펑 내립니다. 나는 앞마당으로 나가 눈을 맞았습니다. 솜사탕 같은 눈입니다.

소풍날이었어요.

- 즐거운 소풍날이었어요. 우리는 버스를 타고 동구릉에 갔어요. 조선시대의 임금님들 아홉 분이 누워 계신답니다.

찬바람이 불기 시작합니다.

- 낮에는 덥지만 밤에는 찬바람이 불기 시작합니다. 어느새 가을이 되었나 봅니다. 나는 어머니께 긴소매를 입겠다고 말씀드렸습니다.

혼자 써 볼래요

하나의 문장에 연관된 문장을 두 개 이상 써넣으세요.

날이 어두워졌습니다.

....

....

칭찬을 받았어요.

....

....

생일잔치에 초대받았어요.

....

....

어머니께서 제일 예뻐요.

학교 가던 길이었습니다.

형이 때렸어요.

무척 아팠습니다.

하나의 문장으로 생각나는 문장을 써 보았으면, 이제는 두 개의 문장을 잘 연결해 보세요.

(1) 아버지께서 나를 불렀습니다. (2) 나는 무척 기뻤습니다.

- 아버지께서 나를 불렀습니다. 나는 안방으로 건너갔습니다. 기분이 좋으신 목소리로 칭찬을 해 주시며 용돈을 주셨습니다. 내 성적이 올라갔기 때문에 주시는 것입니다. 나는 무척 기뻤습니다.

(1) 버스를 탔다. (2) 할머니께서 버스에 오르셨다.

- 오늘 오후에 나는 학원에 가려고 버스를 탔다. 몇 정거장 지나지 않아서 할머니께서 버스에 오르셨다. 할머니께서는 운전석 뒤에 서 계셨다. 경로석에 앉은 아저씨는 할머니를 못 본 척했다. 내가 일어서 할머니께 자리를 양보했다.

(1) 텔레비전을 보지 못했습니다. (2) 졸음을 참았습니다.

- 내일이 시험이어서 텔레비전을 보지 못했습니다. 공부할 것은 많았고 잠은 자고 싶었습니다. 하지만 어머니께서도 지켜 주시며 공부를 도와 주셨습니다. 나는 졸음을 참았습니다.

(1) 무서운 영화를 보았습니다. (2) 화장실에 가지 못했습니다.

- 여름이어서 그런지 텔레비전에서는 계속 무서운 영화만 했습니다. 무섭지만 또 보고 싶어서 오늘도 무서운 영화를 보았습니다. 밤중에 화장실이 가고 싶었지만, 혼자서 화장실에 가지 못했습니다.

(1) 드디어 여름방학입니다. (2) 수박을 먹었습니다.

- 드디어 여름방학입니다. 방학 계획표를 짜고 있는데 엄마께서 수박 가져 오셨습니다. 나는 수박을 먹었습니다. 수박을 먹을 수 있어서 나는 여름이 참 좋습니다. 여름방학은 더 좋고요.

혼자 써 볼래요

두 개의 문장에 세 개 이상의 문장을 넣어 글을 완성해 보세요.

(1) 운동회 날이었습니다. (2) 내가 1등으로 달렸습니다.

(1) 선물을 받았습니다. (2) 기분이 좋았습니다.

(1) 학원에서 나올 때였습니다. (2) 소리쳤습니다.

(1) 신호등을 건넜습니다. (2) 자동차끼리 부딪혔습니다.

(1) 극기훈련 첫째 날입니다. (2) 눈물이 나왔습니다.

(1) 반찬투정을 했습니다. (2) 아빠께서 옛날이야기를 해 주셨습니다.

(1) 스케이트를 탔습니다. (2) 미끄러졌습니다.

어제는 수업이 끝나자 갑자기 날씨가 흐려지더니 천둥이 치고 번개가 번쩍이면서 비가 내리기 시작했는데 까불이랑 명석이는 우산이 있지만 나는 우산이 없어서 집으로 어떻게 가야 할지 안절부절 못하고 있는데 나착한 선생님께서 다가오시더니 우산을 주셔서 비를 맞지 않고 집으로 올 수 있었다.
일기장
어휴! 재는 말도 많은데~
글도 많아!!

제10강

생활문, 이렇게 쓰면 더 쉽지롱~ 2탄

앞에서도 공부했듯이 글감을 찾았으면 줄거리를 잘 세워야 해요. 아무리 좋은 글감이라도 내용을 뒤죽박죽 쓰면 이해하기 어려워요.

감동을 주는 생활문을 자세히 살펴보면 이야기의 순서가 잘 서 있어요.

단락의 순서를 잘 정하자

단어로 문장을 만드는 연습을 했고, 또 몇 개의 문장으로 이야기를 엮어 보았으니, 이제는 이야기를 조리 있게 배열해 보는 연습을 해 보세요.

다음 글을 한번 살펴볼까요?

오빠와의 싸움

나는 어제 텔레비전을 보다가 오빠와 싸웠다. 오빠가 학교에서 돌아왔다.
우리 집은 텔레비전을 보는 시간이 있어서 나는 오빠에게 지기 싫었다.
엄마께서 우리를 화해시켜 주셨다.
"네가 양보해!"
오빠가 야구하는 채널로 바꾸었다. 나는 다시 만화하는 채널로 돌렸다.
그래서 엄마께서 텔레비전을 끄셨다.
우리는 다음 날까지 텔레비전을 볼 수 없었다.
"어머, 불쌍해라."
엄마께서 텔레비전을 보시다가 우리를 부르셨다.
프로그램이 끝났을 때, 나는 너무 슬펐다. 오빠의 눈도 붉었다.
텔레비전에 나온 광경은 소년, 소녀 가장들이 어렵게 살아가는 모습이었다. 나는 오빠를 보며 다시는 채널 싸움을 하지 않겠다고 생각했다.

위의 글은 내용이 이해 안 되지는 않지만 어딘지 어색해요. 자세히 살펴보니 이야기 순서가 어긋나 있어요. 이야기에 살도 붙여서 잘 이어지게 해야겠어요.

좀 더 문장을 덧붙이고 다시 정리를 해 볼까요?

오빠와의 싸움

저녁시간이었다. 오빠가 학교에서 돌아왔다.
저녁식사를 마치고 오빠와 나는 텔레비전을 보았다. 나는 만화를 보고 있었다. 그런데 오빠는 재미없다면서 야구를 본다며 채널을 바꾸었다. 우리 집은 텔레비전 보는 시간이 있어서 나는 이 시간을 빼앗길 수 없었다.
"오빠, 미안하지만 만화를 봐야겠어."
나는 만화하는 채널로 돌렸다. 그러나 오빠는 다시 말없이 야구하는 채널로 바꾸었다. 나는 화가 나서 다시 만화로 돌렸다.
"네가 양보해!"
오빠가 소리를 질렀다. 그러자 부엌에 있던 엄마가 오셔서 텔레비전을 끄셨다. 오빠가 나를 보고 눈을 흘겼다. 나도 혀를 내밀었다.
우리는 다음날까지 텔레비전을 볼 수 없었다. 엄마의 명령이셨다. 그런데 엄마께서 텔레비전을 보시다가 우리를 부르셨다.
"어머, 불쌍해라!"
텔레비전에 나오는 광경은 소년, 소녀 가장들이 어렵게 살아가는 모습이었다. 프로그램이 끝났을 때, 나는 너무 슬펐다. 오빠의 눈도 붉었다.
나는 오빠를 보며 다시는 채널 싸움을 하지 않겠다고 다짐했다.

어때요? 오빠하고 싸움을 시작하게 된 까닭과 화해하기까지 순서가 잘 이어지죠?

아래의 글을 일어난 사건에 따라 문장을 더 넣어 새로 정리해 보세요.

주사

나는 홍역 때문에 두 번째로 주사를 맞아야 했다. 병원에 들어가니 벌써부터 무서웠다.
의사 선생님께서 진찰을 하셨다.
"엄마 아프지 않지?"
병원 앞에서 나는 엄마한테 물어보았다. 떨려왔다. 엄마는 아프지 않으니 걱정 말라고 하셨다.
주사실에서 간호사 언니가 엉덩이에 주사를 놓았다. 엉덩이가 반쪽으로 쪼개지는 것 같았다.
오늘은 학교에 가지 못했다.
"아야!"
주사를 맞으니 무지하게 아팠다. 내가 소리를 질렀다.
홍역은 왜 있는 걸까?

혼자 써 볼래요

주사

대화를 많이 넣자

생활문은 논설문과는 달라서 주장하는 문장으로 쓰면 어색해요. 설명문도 아니에요. 겪은 일을 설명해 주어야 하겠지만, 실제로 말을 한 부분이면 큰따옴표(“ ”)를 넣어 주어야 생생해져요.

대화는 우리가 흔히 사용하는 말로 써야 해요. 대화 밑이나 위에 말한 사람에 대해 써 줄 필요는 없어요.

자기가 혼자 생각한 것도 작은따옴표(‘ ’)를 넣어 쓰세요.

> 어머니께서 일어나라고 소리치셨다.
> 그러나 나는 5분만 더 자고 싶었다. 어머니께서는 시계를 보라고 다시 소리치셨다.
> 나는 허둥지둥 화장실로 뛰어서 들어갔다.

위의 글은 전혀 대화가 들어가 있지 않아 생동감이 없죠? 이 글에 큰따옴표와 작은따옴표를 적절히 넣으면 생생하게 표현할 수 있답니다. 어떻게 달라지는지 한번 볼까요?

"정호야, 빨리 일어나!"

어머니께서 소리치셨다.

"5분만, 5분만 더 잘게요."

나는 '쿨쿨' 다시 잠들었다.

"지금이 몇 시인 줄 아니? 8시야 8시!"

어머니께서 시계를 보라고 다시 소리치셨다. 나는 허둥지둥 화장실로 뛰어서 들어갔다.

어때요, 위처럼 대화를 넣으니 정말 눈에 보이는 듯하죠? 자칫 지루하게 느껴질 수 있는 내용도 이처럼 큰따옴표와 작은따옴표를 통해 읽기 재미있는 글로 바꿀 수 있어요.

아래의 글에 대화를 넣어 새로 써 보세요.

우리는 광릉수목원에 도착했다. 아이들이 탄성을 질렀다. 여러 가지 나무들과 나비들이 멋있었다.
어느덧 점심때가 되어서 우리는 선생님께 도시락을 언제 먹느냐고 물었다.
점심을 먹은 후 우리는 버스를 타고 돌아왔다. 버스 안에서 서로 노래를 부르겠다고 아우성이었다.

혼자 써 볼래요

....

....

....

....

....

....

우리는 보통 대화 밑에 말한 사람을 쓰는데, 그러지 않아도 좋아요. 혼잣말도 마찬가지로 쓰지 않는 게 더 자연스러워요.

여름방학이 되었다. 내 짝꿍인 주호는 이번 여름방학에 할머니 댁에 간다고 매일 얘기했었다.
내 짝꿍인 주호가
"여름방학에 어디 갈 거니?"
하고 물었다. 나는
"학원에 가야 해."
하고 대답했다.
'엄마는 이번 방학에도 학원에 보내실 거야.'
하고 나는 생각했다. 지난 겨울방학에도 나는 학원에만 다녔었다.

위의 글에서 대화와 혼잣말에 대한 설명을 모두 빼 볼까요?

여름방학이 되었다. 내 짝꿍인 주호는 이번 방학에 할머니 댁에 간다고 매일 얘기했었다.
"여름방학에 어디 갈 거니?"
"나는 학원에 가야 해."
'엄마는 이번 방학에도 학원에 보내실 거야.'
지난 겨울방학에도 나는 학원에만 다녔었다.

대화에 대한 설명을 모두 빼내니까 훨씬 깨끗하죠?

아래의 글에서 대화에 대한 설명을 빼서 새로 써 보세요.

학교를 마치고 집에 돌아와보니 어머니께서 "지현아, 네게 소포 왔다."
하고 말씀하시면서 소포를 주셨다. 나는 "감사합니다."
하고 대답했다. 나는 속으로
'누가 내게 소포를 보냈지?'
하고 생각하며 소포를 뜯었다.
작은 상자 안에는 예쁜 필통과 엽서가 들어 있었다.

혼자 써 볼래요

....

....

....

....

....

....

대화를 잘 사용한 아래 글을 읽어보세요.

진정한 사과

소곤소곤, 히히덕거리며 같이 놀던 보영이가 몇째 시간부터인지 괜히 토라지기 시작했다. 나는 가까이 가서 그 이유를 물어보았다.

"보영아, 너 왜 그러니?"

"윤미가 그러는데, 네가 내 욕을 했다며? 이제 너는 내 친구, 아냐!"

"어디서 그런 말을……."

"흥!"

나는 갑자기 눈물이 나왔다. 내 가장 친한 친구 보영이가 엉뚱한 말을 들었나 보았다.

싸움은 하루, 이틀이 지나도록 계속되었다. 금요일 수업이 끝나자, 보영이가 내게 다가왔다.

"너 화났니? 그때 내가 잘못 들었어."

"나도 정말 미안해. 내가 네 욕을 하지 않았어도 그런 말을 들었으면 내가 잘못한 거야."

"내가 사과할게."

"미안해, 앞으로 우리 더 사이좋게 지내자. 용서해 줘."

보영이와 나는 진정으로 사과를 했다.

이 싸움으로 나는 많은 것을 배우고 느꼈다. 싸웠어도 얼른 사과를 해야 한다고 말이다.

〈6학년 박하나〉

위의 글처럼 대화를 자연스럽게 써넣으면 다른 설명을 할 필요가 없겠지요. 한마디의 대화가 지루한 설명 글보다 더 많은 뜻을 품을 때가 많아요.

문장은 짧게! 깨끗하게!

문장은 짧게 써야 쉽게 읽을 수 있어요. 길게 쓴 문장은 내용을 알 수 없게 만들 뿐 아니라 지루해요.

특히 생활문은 너무 문장을 길게 쓰면 재미없어요. 하나의 행동에 하나의 문장, 한 가지 생각에 하나의 문장만을 쓰세요.

긴 문장을 썼을 때면, 시늉말이나 대화를 중간 중간에 넣어 보세요. 이야기가 살아나 보일 거예요. 아래 글은 한 문장이 너무 길어 지루하죠? 무슨 내용인지 잘 알 수도 없고요.

> 수업이 끝나자 날씨가 흐려지더니 천둥이 치고 번개가 번쩍이면서 비가 내리기 시작하여 나는 우산이 없어서 집으로 어떻게 가야 할지 안절부절 못하고 있는데, 선생님께서 다가오시더니 우산을 받쳐 주셔서 비를 맞지 않고 집으로 올 수 있었다.

수업이 끝났다.

갑자기 날씨가 흐려졌다.

번쩍, 번쩍.

하늘에서 번개가 쳤다.

우르르, 쾅!

곧이어 천둥도 쳤다. 나는 우산이 없어서 안절부절못했다. 선생님께서 다가오셨다. 선생님께서 우산을 받쳐 주셨다. 그래서 나는 비를 맞지 않고 집으로 올 수 있었다.

어때요? 문장을 끊고 시늉말을 중간에 넣으니까 깔끔해졌어요. 글의 리듬도 살아났고요. 훨씬 더 재밌는 글이 되었지요? 길다고 해서 무조건 좋은 글이 아니랍니다.

아래의 글에 시늉말을 넣고 짧게 끊어 써 보세요.

학교 가는 길에 나는 지각을 할까봐 육교 밑으로 가는데, 갑자기 자동차가 달려와 서서 깜짝 놀라 옆을 보니 자동차 안에서 어떤 아저씨가 소리를 질러 미안했습니다.

혼자 써 볼래요

문장이 길어졌다고 생각되면, 짧은 대화를 넣어서 다듬을 수 있어요. 우선 아래의 글을 살펴보세요. 너무 길지요?

일요일이어서 아빠와 산에 올랐더니 공기가 맑아서 상쾌한 기분이 들어 나는 큰소리를 질러 보았는데, 메아리가 금방 울려와 신기하다고 생각하다가 계곡에 흐르는 물을 보며 천천히 다시 산을 내려왔습니다.

그렇다면 이 글에 짧은 대화와 시늉말을 넣어볼까요?

일요일이었습니다. 아빠와 나는 산에 올라갔습니다.
공기가 맑았습니다. 상쾌했습니다.
"야호!"
"야 ~ 호~."
메아리가 금방 울려왔습니다. 신기했습니다.
졸졸졸.
계곡에 흐르는 물을 보면서 나는 천천히 다시 산을 내려왔습니다.

짧은 대화와 소리 시늉말을 넣어서 문장을 끊으니까 쉽게 읽을 수 있게 되었네요.

아래의 글에 대화와 소리 시늉말을 넣어 짧게 끊어 써 보세요.

시계가 요란하게 울려서 잠에서 깨어나니 7시였기 때문에 오늘부터 운동을 하기로 결심한 생각이 떠올라 벌떡 일어나서 대문을 나서서 놀이터에 가보았더니, 찬우가 먼저 와서 열심히 턱걸이를 하고 있는 모습이 보이기에 인사를 하고 나도 턱걸이에 매달렸다.

혼자 써 볼래요

대화와 시늉말을 잘 사용해서 짧게 쓴 아래의 생활문을 읽어보세요.

치과

치과 가는 날.

그 벌레 잡는 기계. 그 무기.

위잉- 위잉-.

그 소리만 생각해도 다리가 떨린다.

'하필 왜 목요일에 가지? 일요일에 가면 안 되나?'

일요일엔 쉴 수 있어서 좋은데 말이다.

"아이고 무서워라, 두 번이나 때웠는데 왜 자꾸 떨어지지?"

나는 저번에 두 번이나 때운 것을 생각하며 엄마를 보았다.

"은행에 들렀다 가자."

'어휴 살았다.'

나는 치과를 조금이라도 늦게 간다기에 기뻤다. 하지만 엄마는 은행을 들르지 않고 그냥 가자고 했다.

"무서워, 엄마. 나, 내일 치과 가면 안 돼?"

"3학년이 뭐가 무섭니?"

어쩔 수 없이 치과에 들어갔다.

위잉~, 딸깍, 위잉~.

그 벌레 잡는 기계는 다른 때보다 더 아팠다.

"아야야, 아이고."

그걸 마치고 양치를 하려는데 침이 많이 고였다. 양치를 할 때 침을 뱉었는데 피가 섞여 나왔다.

'다시는 정말 치과에 오나 봐라'

〈3학년 고다은〉

글에도 머리와 몸통과 꼬리가 있답니다~
가나다 라마바

제11강

머리/몸통/꼬리는 이렇게 장식해 봐요!

글에도 생선처럼, 머리, 몸통, 꼬리가 있다는 사실, 알고 있나요? 글의 처음을 '머리', 중간을 '몸통', 마지막 부분을 '꼬리'라고 해요. 생활문은 주장을 펼치는 글이 아니에요. 그래서 글머리에 강한 주장을 쓰면 이상해져요. 생활문은 글머리를 호기심 나게, 재미있게 시작해야 읽는 사람이 지루하지 않아요. 처음이 재미없으면 그다음 내용도 읽지 않지요.

글머리는 재미있게! 호기심 나게!

'이 다음에 무슨 내용이 나올까?' 하는 궁금증이 생기도록 글머리를 재미있게 시작해 보세요.

다음 글을 한번 살펴보세요.

집안 청소

나는 며칠 전에 집안 청소를 했다. 나는 원래 청소하기를 싫어한다.
귀찮기 때문이었다. 그래서 언니와 싸움을 하게 됐다. 언니가 가위를 가져오라고 시켰다.
"언니가 가져오면 안 돼?"

청소했던 이야기를 설명하는 것으로 글머리를 시작했어요. 조금 평범하죠? 아래 글은 어떤가요?

집안 청소

"얘, 지영아! 가위 좀 갖다 둬라!"
"언니는 손이 없어, 발이 없어? 언니가 가져오면 안 돼?"
며칠 전, 집안 청소를 하다가 나는 언니와 싸움을 했다.
나는 원래 청소하기를 싫어하는데, 언니가 청소를 시작하면서 이것저것 시켰기 때문이었다.

언니와 동생의 대화로 생생하게 시작했어요. 청소 때문에 싸우게 될 거라고 상상이 가요.

그다음 이야기가 어떨지 궁금해지죠?

아래의 글머리를 대화로 시작해 보세요.

고마운 친구들

체육시간이었다.

우리 반은 뜀틀을 하였다. 내 차례가 되어 뜀틀을 하다가 나는 그만 넘어지고 말았다. 팔목이 부러진 것 같았다.

“많이 아프니?”

“양호실에 같이 가자.”

친구들이 나를 업고 양호실에 데려갔다.

양호실에 가니 선생님께서 큰 병원으로 가야 한다고 말씀하셨다.

(아래 줄임)

혼자 써 볼래요

고마운 친구들

대화로 시작하는 방법 외에 사건이 끝나는 부분으로 시작하는 방법이 있어요.

보통 우리는 어떤 일이 일어나게 된 이유를 쓰고 그 결과를 밝히는 순서로 생활문을 쓰지요. 하지만 그 반대로 쓰면 읽는 사람이 더욱 궁금해 할 거예요. 어떤 일이 일어나게 된 까닭을 나중에 쓰고 결과를 먼저 써 보세요.

시험 결과

시험 본 지 2주일이 지나서 선생님께서 시험 결과를 알려 주셨다. 나는 가슴이 뛰었다. 엄마께서 몽둥이를 들고 있는 모습이 떠올랐다. 나는 떨리는 손으로 시험지를 받았다.

수학이 100점이었다. 나는 놀랐다. 내가 100점을 맞은 것이다. 그것도 가장 못하는 수학에서 말이다. 세상에 신기한 일도 다 있다. 분명히 세 개는 엉터리로 풀어서 틀렸다고 생각했는데…….

(아래 줄임)

시험 결과

세상에 신기한 일도 다 있다.
내가 100점을 맞은 것이다. 그것도 가장 못하는 수학에서 말이다. 분명히 세 개는 엉터리로 풀어서 틀렸다고 생각했는데…….
선생님께서 시험지를 나눠 주실 때, 나는 가슴이 뛰었다. 시험 본 지 2주일이 지나도록 결과가 나오지 않아서였다. 선생님께서 시험지를 나눠 주실 때, 엄마께서 회초리를 들고 계시는 모습이 떠올랐다.

(아래 줄임)

앞의 글은 시험 결과를 기다리는 마음으로 글을 시작했지만, 위의 글은 시험 결과를 보고 느낀 마음을 글머리에 담았어요.

시험 결과를 먼저 쓴 후에 그 결과에 대한 생각을 쓰니까 더 집중해서 읽게 되죠?

없어진 만 원

점심식사 후 운동장에 나가 축구를 했다. 땀을 뻘뻘 흘린 뒤에 교실에 돌아와서 미술을 했다.

미술 시간이 끝나고 나서 가방을 뒤져 보니, 뭔가 이상했다. 그래서 필통 아래를 보니 그 속에 넣어두었던 만 원이 없어진 것이다.
나는 놀라서 선생님께 말씀드렸다. 선생님께서는 공부를 시작하면서 돈을 가져간 사람은 나오라고 말씀하셨다.

(아래 줄임)

혼자 써 볼래요

없어진 만 원

몸통은 자세하게! 생생하게!

글은 최대한 자세히 써야 해요. 말은 듣는 사람이 말하는 사람의 표정을 보고도 이해할 수 있지만, 글은 쓰는 사람이 보이지 않으니 자세히 써야 해요. 그렇게 하지 않으면 읽는 사람이 이해하지 못하거든요.

생활문은 자기가 겪었던 일을 다른 사람에게 읽히려는 글이에요. 그래서 자기만 알도록 간단히 쓰거나, 암호처럼 쓰면 안 돼요. 겪었던 일을 낱낱이, 모든 사람이 알도록, 그 상황이 선명하게 그려지도록 생생하게 써야 해요.

어떤 어린이는 겪은 일이 많은데, 무슨 말을 써야 할지 생각나지 않는다고 해요. 이런 친구들을 위해 길게, 자세히 쓰는 방법 세 가지를 알려줄게요.

첫째는, 어떤 일에 대해 자기 생각과 느낌을 마음껏 표현하는 것이에요. 둘째는, 어떤 일에 관련한 여러 사람들을 자세히, 그림 그리듯 표현하는 것이에요. 그리고 셋째는 어떤 일이 벌어지게 된 이유와 그 결과를 사람들의 행동에 따라 표현하는 것이에요.

하나씩 차근차근 알아볼까요?

(1) 자기 생각과 느낌을 자세히 쓰기

밤잠

나는 어젯밤 무서운 영화를 보고 잠자리에 들었다.
그러나 영화 생각 때문에 잠이 오질 않았다.
다음부터는 무서운 영화를 보지 말아야겠다.

위의 글은 너무 간단하지 않나요? 무서운 영화를 보고 잠이 오지 않는 것은 누구나 겪는 일일 거예요.

밤잠

오늘 밤 9시쯤, 우리 가족은 TV에서 무서운 괴기영화를 보았다. 영화가 끝나자 우리 가족은 각자 잠자리에 들었다. 나는 그 영화 생각이 나서 잠이 오질 않았다.
무시무시한 괴물, 유령들, 자꾸 무서운 생각이 머릿속에서 지워지지 않았다. 나 혼자 집에 있는 듯한 느낌이 들었다. '째깍째깍' 하고 크게 울려 퍼지는 시계소리. '윙윙' 내 귀로 스쳐 가는 모기소리……. 모든 것이 나를 초조하게 만들었다. 이리 보고, 저리 보고, 모든 곳을 둘러보았지만 불빛이 없었다.

"땡."
새벽 1시를 알리는 시계의 자명종 소리가 들려왔다. 그러나 잠은 오지 않았다. '콩닥콩닥.' 내 심장 고동소리가 점점 크게 들려왔다.
초침소리도 내 귀 속을 찌르는 것 같았다. 아무리 잠을 자려고 해도 말똥말똥해지기만 했다. 나는 방에서 나와 안방에 들어갈까 하다가 다시 내 방으로 돌아왔다. '웅' 하고 냉장고 돌아가는 소리가 갑자기 크게 들려왔다.
그 후로 나는 무서운 괴기영화는 절대 안보기로 마음먹었는데, 자꾸만 괴기영화가 보고 싶어지는 이유는 무얼까.

괴기영화를 본 뒤의 생각과 느낌을 자세히 써서 읽는 사람에게도 무서움을 전해 주고 있는 재미있는 글이 되었네요.

아래의 글을 자기 느낌과 생각을 많이 넣어 새로 써 보세요.

책상 정리

오늘은 아빠께서 일찍 들어오셨다. 아빠께서는 내 책상을 보시더니 쓰레기통 같다고 말씀하셨다.
나는 내 책상을 정리하기 시작했다.
책상을 다 치우고 나니 보람이 있었다.

혼자 써 볼래요

책상 정리

(2) 사람들의 모습을 자세히 쓰기

안경안경

아침 일찍 학교에 가는 버스 안에서 친구 두 명을 만났다. 하나는 공부를 잘하는 경아이고, 하나는 체육을 잘하는 소라이다.
그런데, 학교에 가까워 올 무렵에 둘이 다투었다.
가까이 가서 다투는 소리를 들어보니, 경아의 별명을 가지고 소라가 자꾸 놀리는 것이었다. '안경안경'이라는 경아의 별명을 부르며 소라가 말을 크게 했다.
버스에 내려서도 둘을 계속 다투었다. 그러다가 경아가 울었다. 나는 소라가 얄밉다고 생각했다.

친구 둘이서 싸우는 모습을 쓴 생활문인데, 너무 간단해요. 친구들의 모습과 성격을 더 자세히 쓰면 벌어진 일에 대해 잘 알 수 있을 거예요.

안경안경

나는 아침 일찍 학교에 가는 버스를 탔다. 그 버스 안에서 나는 우리 반 친구 두 명을 만났다. 한 친구는 공부를 잘하는 경아이고, 또 한 친구는 체육을 잘하는 소라였다.

"야, 안경안경, 너는 꼭 할머니 같이 생겨 가지고 버스 안에서도 공부를 하냐?"
버스가 학교에 가까워 올 무렵, 소라가 경아를 보고 놀렸다.
경아는 학교에서 '안경안경'이라는 별명으로 통했다. 누구든 경아를 보면 '안경안경'이라고 부른다. 그렇지만 경아는 한 번도 자기 별명에 대해 화를 내지 않았다. 친구들이 경아에게 안경잡이라고 해도 경아는 아무렇지도 않은 모양이다. 나 같으면 모두 때려 줄 것이다.
"안경안경, 너 오늘 체육시간에 나랑 달리기해서 내가 이기면 내 책가방 한 달 동안 들어줘야 해!"
소라가 다시 경아를 놀렸다. 소라는 우리 학교에서 가장 달리기를 잘하는 아이이다. 지난 운동회 때는 전교 1등을 해서 상을 탄 적도 있었다. 그런 소라에게 경아가 어떻게 달리기에서 이길 수 있을까?
"야, 안경안경! 빨리 내려야지. 학교 앞이야, 안경이."
버스에 내려서도 소라는 계속 경아를 놀렸다. 경아는 참다못했는지, 울음을 터뜨렸다. 소라는 못 본 척하며 교문으로 들어갔고, 경아는 주저앉아서 울었다. 나는 경아에게 다가가서 위로했다.
별명을 부르는 것은 참 나쁜 일이다.

사람들 모습과 장면이 더 뚜렷하죠?

아래의 글에 나오는 사람들의 모습을 자세히 나타내 보세요.

친구의 생일날

저번 주 토요일 나는 보형이 생일에 갔다. 폭죽을 터뜨리는데, 친구 한 명이 더 왔다. 그 아이는 보형이 옆집에 사는 아이였다.

그런네, 보형이는 그 아이를 보고 재수 없다고 말했다. 그 아이의 이름을 내가 물어보니까, 홍열이라고 했다. 홍열이는 보형이 엄마가 주는 케이크를 제일 많이 먹었고, 주스도 제일 많이 마셨고, 과일도 제일 많이 먹어 치웠다.

보형이는 부엌에 있는 엄마에게 가서 큰소리로 홍열이를 내쫓으라고 했다. 엄마가 그러지 말고 사이좋게 지내라고 하니까, 보형이는 홍열이에게 가서 나가라고 했다.

엄마는 옆집에 지금 아무도 없으니 홍열이를 잘 보살펴 주어야 한다고 말했다. 홍열이 아빠가 교통사고 나서 병원에 있다는 것이다.

나는 보형이가 조금 더 홍열이와 친해졌으면 좋겠다.

혼자 써 볼래요

친구의 생일날

(3) 사건의 이유와 결과를 행동으로 나타내기

내 동생

학교 공부가 끝나고, 친구네 집에 가려는 참이었다. 내 동생 진이가 계속 나를 쫓아왔다. 나는 골목에 숨어서 동생을 따돌렸다.
친구 집에서 놀다가 집에 돌아와 보니, 동생이 없었다. 나는 깜짝 놀라서 밖으로 나갔다. 골목골목을 찾아보았지만 동생이 없었다.
동생이 놀이터에서 혼자 놀고 있었다. 나는 동생에게 미안했다.

동생이 없어지고, 동생을 다시 찾게 되는 모습을 좀 더 자세히 써 볼까요?
사건이 왜 일어났는지, 그리고 어떤 결과가 일어났는지를 행동으로 나타내 보세요.

내 동생

학교 공부가 끝나고, 나는 친구네 집에 놀러 가려고 했다. 집을 나오니까 내 동생 진이가 계속 나를 쫓아왔다. 동생을 데리고 가면 친구들이 싫어한다. 재미있게 놀지 못하기 때문이다.
그래서 나는 골목에 숨어서 동생을 따돌렸다. 하지만 동생은 자꾸 나를 따라왔다. 간신히 동생에게서 도망쳐서 나는 친구 집에 들어갔다.
동생 생각은 까맣게 잊어버리고 나는 친구들과 레고를 하면서 재미있게 놀았다. 정말 재미있는 놀이도 많이 했다.

"진이는?"

어머니께서 진이가 어디 있는지 물으셨다. 어머니께서는 내가 진이를 데리고 같이 친구 집에 놀러간 줄 아셨다.

"혼자 갔다 왔는데요?"

그러자 어머니께서 깜짝 놀라시며 바깥으로 뛰어나가셨다. 나도 깜짝 놀라 바깥으로 나갔다.

"진이야! 진이야!"

어머니와 나는 골목골목을 돌아다니며 진이를 찾았다. 하지만 진이는 보이지 않았다. 날이 갑자기 어두워져서 나는 겁이 났다.

나는 동생을 따돌린 골목으로 가 보았다. 그곳에는 없었다. 하지만 그곳에서 가까운 놀이터에 가 보니 진이가 쭈그리고 앉아 혼자서 모래놀이를 하고 있었다.

나는 동생을 보고 눈물이 나왔다.

"진이야, 내가 정말 미안해."

나는 동생을 끌어안았다. 다시는 동생을 혼자 놔두지 않겠다고 다짐했다.

어때요? 동생을 따돌리고, 다시 동생을 찾게 되는 일이 생생하고 감동적이죠?

아래의 글을 사람의 행동으로 자세히 나타내 새로 써 보세요.

설거지

저녁을 먹고 난 뒤, 아빠께서 내게 설거지를 하라고 하셨다. 나는 '내가 왜 설거지를 해야 하나?' 하고 생각하고 못 들은 척했다.
다시 아빠께서 명령하셨다. 나는 투덜기리며 설거지를 했다.
"쨍그랑!"
그릇이 깨졌다. 하기 싫은 마음으로 설거지를 해서 그런가 보다. 나는 거실을 살폈다. 텔레비전을 보느라 아무도 그릇이 깨지는 소리를 못들은 모양이다. 나는 조각을 재빨리 치워 쓰레기통에 넣었다.
다음 날 저녁, 이번에는 엄마께서 설거지를 시키셨다. 나는 또 투덜거리며 설거지를 했다. 그런데 나는 설거지 통 안을 보고 깜짝 놀랐다. 어제 내가 깨트린 그릇이 있는 것이다. 분명히 내가 깨트렸는데, 똑같은 그릇이었다.
나는 엄마의 깊은 뜻을 알 수 있었다. 엄마는 아빠께 말하지 않았던 것이었다. 나는 엄마를 도와드리는 일에 짜증을 내지 않겠다고 다짐했다.

혼자 써 볼래요

설거지

마무리는 다짐이나 각오로

생활문은 자기가 겪은 사건을 그대로 옮겨 써넣어도 훌륭해요. 하지만 그런 경험을 하면서 갖게 된 생각, 다짐과 각오를 쓰면 읽는 사람에게 도움을 줄 수 있어요.

다짐이 옳건 그르건 그것은 중요하지 않아요. 경험을 생각하게 해주는 것으로도 좋아요.

아침

'따르릉' 하는 시계 소리에 일어났다. 5시 30분. 나는 다시 자려고 했지만 어젯밤에 아침 일찍 일어나 독서하려고 했던 생각이 떠올랐다. 그렇지만 눈이 다시 스르르 감겼다.

"진이야! 아침 먹어라!"

부엌에서 엄마가 말씀하셨다. 나는 엄마가 깨우셔서 일어났다. 아침밥을 먹고 있으니 동생이 물었다.

"언니, 아침에 운동하기로 했잖아!"

나는 대답을 하지 못했다. 아침 일찍 일어나는 것은 참으로 괴롭다.

아침에 일찍 일어나기로 결심하고 지키지 못한 일을 가볍게 생각하면 안 되겠죠? 그 일에 대해 되새겨보면 더욱 좋은 생활문이 될 거예요.

아침

'따르릉' 하는 시계 소리에 일어났다. 5시 30분. 나는 다시 자려고 했지만 이젯밤에 아침 일찍 일어나 독서하려고 했던 생각이 떠올랐다. 그렇지만 눈이 스르르 다시 감겼다.
"진아야! 아침 먹어라!"
부엌에서 엄마가 말씀하셨다. 나는 엄마가 깨우셔서 일어났다. 아침밥을 먹고 있으니 동생이 물었다.
"언니, 아침에 운동하기로 했잖아!"
나는 대답을 하지 못했다. 아침 일찍 일어나는 것은 참으로 괴롭지만 약속을 했으면 지켜야 할 것이다.
"진아야, 사람은 무엇이든 하고 싶은 것이 있단다. 하지만 부지런히 실천하지 않으면 그 결심을 이룰 수 없단다."
아빠께서 말씀하셨다. 나는 여름방학 때 생활계획표를 짜놓고 한 번도 지키지 못한 적이 있다. 내가 아침 운동을 하지 못한 것도 다 실천하려는 마음도 없었을 뿐더러 게으름을 피웠기 때문이다.
언젠가 금붕어에게 밥을 주기로 엄마와 약속했는데 내일 준다며 계속 미루다가 물고기가 죽은 적이 있다. 그때, 내일내일 하며 미루는 것이 얼마나 나쁜 습관인지 알게 되었다. 또 실천하려고 마음먹은 것은 꼭 해야지 하며 결심했는데, 오늘도 못 지켜 부끄러웠다.
다음부터는 내 마음과 약속한 것은 꼭 지켜야겠다고 다짐했다.

계획을 해놓고 실천하지 못한 반성을 덧붙여놓으니, 더욱 의미 있는 생활문이 되었어요.

아래의 글에 반성하는 마음을 써넣어 마무리하세요.

가사실습

2학기 들어 처음 맞는 가사실습 날이었다. 자연과 국어가 끝나고 종이 울렸다. 종이 울리자마자 아이들은 가사 실습 준비를 하느라고 시끄러웠다. 나도 그 중에 하나였다. 선생님께서 조용히 하라고 타이르셨다.
"오늘은 조심하지 않으면 큰일 나니까 정신 차리고 조용히 해!"
정말 조심해야 할 실습이었다. 가스레인지에 불을 켜고 음식을 만드는 실습이었다.
우리는 떡볶이를 하려고 고추장을 풀고 맛소금을 넣고 떡과 라면을 집어넣었다. 그런데, 나와 민호가 잘못하여 가스레인지에 불을 냈다. 선생님께서 아직 불을 켜지 말라고 했는데, 먼저 불을 켜서 책상 위에 있는 종이를 태우고 그 종이가 가스레인지에 불을 낸 것이다.
"불이야!"
나는 너무 당황해서 아무 것도 못했는데, 민호가 소리를 지르자 선생님께서 달려오셔서 가스레인지를 발로 차셨다. 그리고 가스레인지에 물을 뿌려서 간신히 불이 꺼졌다. 떡볶이는 바닥에 떨어져서 엉망이 되었다. 아까운 떡볶이…….

혼자 써 볼래요

가사실습

아래의 생활문을 읽어 보고 평가해 보세요.

전학 온 정순이

월요일 첫째 시간. 웅성거리던 우리 반 아이들이 쥐 죽은 듯 조용해졌다.
단발머리에 안경을 쓴 여자아이가 교탁 위에 서 있었다.
"저 아이, 공부 잘할 것 같지 않니?"
"응! 그래."
"자, 조용. 이 어린이는 이정순. 정순아. 자기소개해라."
"저는 백석 초등학교에 다녔던 이정순이에요. 여러분과 친하게 지내고 싶어요."
와! 우리는 박수를 쳤다.
어수선한 첫째 시간이 끝나자마자 아이들은 정순이 자리로 갔다.
"너, 공부 잘해?"
"응. 저번 학교에서 전교 일등만 했어."
"너네 부자야?"
"응. 아빠는 회사 사장이고, 엄마는 가게를 차리셨어."
우리는 놀란 표정으로 정순이를 바라보았다. 최신 스마트폰에다가 세련된 시계, 가방도 비싼 거였다.
정순이에게 관심을 가졌던 나는 며칠 후 정순이에 대해서 많은 것을 알게 되었다. 엄마는 붕어빵 장수이고, 아빠는 직장에 나가지 않으며, 정순이는 공부를 못하는 아이라고 말이다.
이 이야기를 들은 아이들은 정순이를 나쁘게 보았고, 정순이의 신용은 잃어갔다.

하지만 나는 정순이의 마음을 조금은 이해할 것 같다. 아이들에게 잘 보이고 싶었던 정순이의 마음을 말이다. 난 조용히 정순이에게 파이팅을 외친다.

'정순이 파이팅!'

〈6학년 문경아〉

정순이의 진짜 모습을 어떻게 해서 알게 되었는지, 그 부분을 썼으면 완벽한 생활문이 될 수 있었을 거예요. 그래도 장점이 많은 생활문이에요.